中学校英語サポートBOOKS

[My First All-English Class]

はじめてのオールイングリッシュ授業

又野 陽子 著

今日から使える **基本フレーズ＆活動アイデア**

授業中の声かけが英語でできる！

文法・読解 2つの指導ができる！

シナリオ付きですぐに実施できる！

明治図書

はじめに

文部科学省が平成25年12月に公表した「グローバル化に対応した英語教育改革実施計画」において，中学校においては，身近な話題についての理解や簡単な情報交換，表現ができる能力を養うとして，授業を英語で行うことを基本とすることが掲げられました。

こうした動きの中で，本書は英語で授業を行うための授業の枠組とフレーズを具体的な指導アイデアとともにお届けするものです。本書の特長としては，次の４つのポイントが挙げられます。

①文法事項の提示，練習，使用といったStructure-centeredなものと教科書本文を扱うStory-centeredなものを両方カバーしています。

②入門期の文字指導で必要な説明の表現も取り入れました。

③「英語で授業」を支える指導アイデアやテクニックも紹介しています。アクティブ・ラーニングの展開も視野に入れています。

④「英語で授業」を再現するシナリオ（授業中の発言），ワークシート，ピクチャーシートによる板書例，教具も収めています。

本書が，先生方が授業を英語で行うための一助となり，教室内に英語を使う環境を整えることにより，生徒一人ひとりが確かな英語の力を身につけていくことにつながりましたら，これ以上の喜びはありません。

最後になりましたが，Marc Whitaker，Shaniqua Bizzell，Riki Hayashi，Jonathan Miller，Ryan Kloock，Chris Kilby，Radhika Mehta諸氏にはその都度ディスカッションをして英語を確認していただきました。また，本書を刊行する機会を下さいました明治図書の皆様にお礼を申し上げます。特に編集の広川淳志様には企画の段階から多くのご示唆をいただきました。この場を借りてお礼を申し上げたいと思います。

平成29年７月

又野　陽子

Contents

Chapter 3 理解から表現につながる活動アイデア

オール
イングリッシュ
授業を行う魅力

Chapter
1

1 今こそオールイングリッシュ授業にチャレンジ

グローバル化に対応した新たな英語教育

文部科学省が平成 25 年 12 月に公表した「グローバル化に対応した英語教育改革実施計画」では，2020（平成 32）年を見据え，新たな英語教育を本格展開できるよう体制整備等を進めるとし，小学校中学年に活動型，小学校高学年に教科型の小学校英語教育の導入計画が示されています。中学校においては，身近な話題についての理解や簡単な情報交換，表現ができる能力を養うとして，授業を英語で行うことを基本とすることが掲げられています。また，高等学校では授業を英語で行うとともに，言語活動を発表，討論，交渉等により高度化するとされています。その具体化に向けた専門的な見地からの検討のため設置された英語教育の在り方に関する有識者会議が平成 26 年９月に「今後の英語教育の改善・充実方策について　報告～グローバル化に対応した英語教育改革の五つの提言～」としてこれまでの審議をまとめて整理・報告しました。こうした改革を要する背景としては，グローバル化の進展の中で，国際共通語である英語力の向上は極めて重要であり，今後の英語教育改革においては，その基礎的・基本的な知識・技能と，それらを活用して主体的に課題を解決するために必要な思考力・判断力・表現力等の育成が重要な課題であることが挙げられています。また，現行の学習指導要領を受けた改善も見られますが，特にコミュニケーション能力の育成について更なる改善を要する課題も多いとされています。

中学校英語授業の現状

こうした英語教育の転換期にあたり，小・中・高を通じた新たな英語教育改革が順次実施されていくことになります。本節では特に中学校英語授業の現状について確認していきたいと思います。ベネッセ教育総合研究所が平成27年８月から９月に調査した「中高の英語指導に関する実態調査 2015」によれば，中学校教員では，「ほとんど英語で授業している」割合は 3.1%，「70%くらい」が 14.7%，「50%くらい」が 44.6%，「30%くらい」が 32.8%，「ほとんど使っていない」割合が 2.4%という結果でした。授業での教員の英語使用は，半分程度であるという教員が最も多いという結果が示されています。また，教員の英語使用場面としては，「生徒への指示」や「褒め・励まし」「生徒とのＱ＆Ａ」はそれぞれ 94.5%，89.0%，88.9%でしたが，生徒へのコメント，アドバイス，発音や発話の指導，オーラル・イントロダクションやパラフレーズはそれぞれ 66.2%，65.3%，64.1%，言語活動の説明が 58.4%，生徒が話したり書いたりした英語のパラフレーズは 41.7%，誤りの訂正は 28.9%，文法の説明は 11.5%という結果でした。「授業を英語で行うやり方がわからない」と回答した割合も約３割に上っており，英語使用の頻度が低い場面においては，英語で行う授業の進め方や指導法に関する現場のニーズがある場面ではないかと考えられます。

初任者研修の教科指導員としての筆者による初任者の授業観察結果（cf. 又野，2016）からも，教室英語に関しては，場面ごとに参照できる多様な表現を資料として提示するなど，一人ひとりの教師が常に継続して効果的な使用ができるような支援が大切であるといえます。また，授業中の英語の発話の多くが，Open your book to page 20. Look at this picture. Raise your hand. Repeat after me. Good. といった決まった指示表現や励ましの表現といったものにとどまっている可能性もあります。英語による発話の教師の発話の量とともに，その質的なものにも目を向け，少しずつ英語の量や内容を発展させていくことができればすばらしいと考えています。

2 英語入門期からできる 効果バツグンのアプローチ

意味のあるメッセージをやさしい英語で生徒に理解させる方法として，MERRIER Approach（メリアー・アプローチ）を渡邉他（2013）が紹介しており，Krashen（1985）のインプット仮説を含むコンプリヘンション・アプローチや外国語習得理論に基づいているものであるという説明がなされています。発話を学習者にとって理解可能なインプットにするための視点や，わかりやすい授業の観点として参考になります。一般的には，オーラル・イントロダクション（インタラクション）のスクリプトを考案する際に用いられることが多いといわれています（門田・野呂・氏木編著（2010））。

MERRIERは，次の7つの語のイニシャルから編み出された名称です。
Model/Mime, Example, Redundancy, Repetition, Interaction, Expansion, Reward

以下に，渡邉他（2013）に基づきその手法を整理してみます。説明の際には，理解を助けるジェスチャー，表情，絵，写真，イラスト，地図，地球儀，実物などを使用します（Model/Mime）。そして，具体例（エピソードや経験）を挙げて説明します（Example）。抽象的なものを具体的にする，そして再度具体例を抽象的にまとめる等，「抽象のはしご」の上り下りをしていきます。説明においては，いろいろな角度から多面的に話すようにします（Redundancy）。大切な表現は，意味のある場面の中で繰り返し使用します（Repetition）。そして，教師対生徒，生徒対生徒のインタラクションの機会を段階を追ってつくっていきます（Interaction）。生徒の回答が文の一部であったり文法的でない場合は，その回答を受け止めたりした上で，自然に訂正してリピートします（Expansion）。生徒の応答に対しては，励ましのことばや表情で接していきます（Reward）。

多量のインプットを聞かせる中で，生徒は意味を推測し，主体的に内容理解に取り組んでいくことになります。以下に，私が実施した授業を例に，具体的な教室内のインタラクションの流れの中でその手法を見ていきます。

T：What's 'take care of' in Japanese?
Look at these pictures.（絵，イラスト，具体例，繰り返し）
Take care of my baby.
Take care of (the) children.
Take care of my grandma (my grandmother/an elderly person).
Take care of our patient.
Take care of my rabbit (toy).
Take care of my dog (pet).
Take care of my flowers.
What's 'take care of' in Japanese?

S：お世話をする。気にかける。

T：Yes. Let's practice. take care of（ワードカードを見せる）

S：Take care of.

T：How can we take care of the Earth?

S：Recycle!

T：Yes. We can recycle.（文の一部を受け止めた上でふくらませる）

S：Eco... 省エネ。

T：We can use less electricity (energy). We can use less water.

S：A lot of trees!

T：Good. We can grow trees.

S：ゴミの分別。ゴミを減らす。

T：We can make less garbage. We should not throw garbage everywhere. Very good! Fantastic!（賞賛する）

これらの方法を使うと，入門期でも，また学年が上がりテキストの難易度が上がっても，英語で生徒の理解を促していくことができると考えます。

3 生徒が真似したくなる指導のしかけ

英語の授業の中で教師が多くの英語を使うことにより，教室内に英語を話す雰囲気をつくり，子どもたちが，教師の言うことに注意深く耳を傾けるようになることを Gardner and Gardner（2005）も指摘していますが，実際の教室内でそうした姿を観察し確認することができているように思います。

聴く→つぶやく→発話する

ストーリーを英語で導入した際に，最初は教師の英語を聴いている段階から，次第に教師とともにつぶやくようになり，やがてしっかり声をそろえて言う姿が見られることがありました。注意深く教師の英語を聞いて意味が理解できた段階で，自然に発話が促される雰囲気となったように見受けられました。同じフレーズをジェスチャーも交えて表情豊かに繰り返すことが，そうした雰囲気づくりにつながったように思われました。

多様な場面で生徒の英語の発話量が増える

また，教師が繰り返し話す英語を自然に覚えて，それを授業中の適切な場面や休み時間にも使っている姿を目にすることもあります。授業の感想においても，「学校生活などで，英語の会話とかも自然に増えています」といったコメントが見られました。中には，「家でも使ってみることにしました」という声もありました。そうした姿勢を認めてほめることを大切にすることが，教師が提示した物や友達の発話に対して子どもたちが自信をもって自然に英語で反応する風土づくりになるのではないかと考えています。

他教科にも役立つ

生徒の教室英語を積極的に促すことで，「積極的な発表など，他教科でも役立っています」というコメントもありました。「自分が成長したことが身にしみました」という叙述からも，積極性，達成感といった情意面でもプラスの効果があるように思われます。

子どもたちのコメント，「2年生になっても英語を愛し続けたいと思います」「授業，∞（無限大）に楽しかった」「本格的な授業でわかりやすかった」……を宝物としながら，より楽しい授業，力のつく授業のために生徒一人ひとりに寄り添って，その成長（より良い変化）を支援していきたいと思っています。

Volunteer！一手はまっすぐ高く挙げて。
アクティブな生徒の参加を促す

4 オールイングリッシュで変わる！授業

学習者のとらえ方（授業の感想より）

・全部英語で言っていたけど絵を貼っていたのでよくわかりました。
・先生はいろいろな物を使って教えてくれたのでわかりやすかったです。
・先生が何を言っているか聞き取りやすかった。みんなが参加できる授業でとても楽しかった。
・何回も発音していったので，この授業だときれいな発音で覚えられそうだなと思います。
・やっていくうちに英語で聞かれるのに慣れました。ぼくが一番うれしかったことは，英語をしゃべったらとてもよくほめられたことがとてもうれしかったです。
・とても英語に自信がついて，英語がとても楽しくて，授業が楽しみです。これからもしっかりと全力で英語をがんばっていこうと思います。
（下線部は筆者による，以下同）

授業参観者のコメント（参観カード・振り返りシートより）

・英語がたくさん使われていた。英語の指示でテンポよく進んでいた。教師が使うだけでなく，生徒の教室英語も指導されており，お互いの発表を自然に英語でほめ合う場面があり，すばらしいと感じた。
・英語で授業が進んでいったが，黒板にモデルを示したり，わかりやすい英語で例を出しながら説明されていたので生徒にとって理解しやすかった。
・英語をたくさんインプットされており，姿勢や声の大きさなど，気になったことがあればすぐに確認をされていた。Very good!　Good effort! などのほめ言葉が生徒のやる気をより引き出していたように思った。
・既習事項の復習をピクチャーカードを用いた Q & A で行われていたが，生徒がよく反応していた。生徒全員が参加できる手立てが考えられていた。
・テンポのよい授業に子どもが集中していた。何度もいろいろな方法で言葉を言ってしっかりとキーワードが押さえられた。
・先生が英語で指示を出されるのに，子ども達は一生懸命に理解して動いていた。とても英語に親しめると思った。
・きちんと準備，計画がされていると全て英語で授業をすることも楽しくできるのだと感じた。子ども達にたくさんの笑顔が見られた。

視覚教材の使用や繰り返し，予め内容理解に必要な言葉を導入しておくこと（学習の見通しを教師が持っておくこと），教師対学習者，学習者同士のインタラクションを大切にして「みんなが参加できる授業」をつくること，そして，ほめること（励ましのことばや表情）や具体例が学習者の理解を助け，意欲を育んだことが伝わってきました。これらの視点は，前述の MERRIER Approach の視点と重なるものでもあります。

発話を学習者にとって理解可能なインプットにするための工夫を取り入れながら，英語のインプットをたくさん与えていくことにより，学習者もその空間に慣れて，安心して楽しく自信を持って学習に取り組んでいる姿も見受けられます。学習者の理解度に応じて適切な工夫を取り入れることを基本に据えるのであれば，英語の授業を英語で進める取り組みは，たくさんの魅力と可能性を秘めていると思います。

そして，教師自身が英語を話すモデルとして，学習者にとっての憧れの存在でなくてはならないこともつねに心に留めておきたいことです。英語力，授業力ともにつねに研鑽を積んで磨いていくことがとても大切なことであると考えます。

小学校への出張授業も楽しく英語で授業

各学校段階の密接な連携が叫ばれている昨今ですが，小学校への英語の出張授業を依頼される機会も少なくないと思われます。そうした場合も，児童に身近な具体物，絵や写真，ジェスチャー等を組み合わせながら視覚的にわかりやすく導入し，理解度に応じて繰り返しやスピードの調節，適切な言語的修正を行うといった工夫をすることができると思います。そして，歌，チャンツ，TPR，クイズ，ゲーム，絵本を活用した活動等も取り入れながら明るく楽しく英語で授業を進めましょう。そして，中学校の学びへの希望と自信，憧れや動機づけにつながるような授業となるとよいと思います。

What size is this?
What's this?
This is the alphabet.
Let's sing the ABC Song.

授業の終わりには，児童が取り組みやすい自己評価シートを配付し，児童の学びを確認しましょう。Dörnyei (2003:38) は，児童に対してリカート尺度を用いる場合に１つの問いに対する応答の選択肢の数を３つにしぼり，言葉の代わりに絵の形態を用いて選択肢を提示することを提案しています。そこで，各問いに対して３つの選択肢（Very good, Good, Not so good）を顔文字（☺，😐，☹）によって提示し，児童が自分の思いにあてはまる顔文字を色鉛筆で塗ることで自己省察を行うようにしてみました。

You can see a three-point 'smilegram.' Please color the face (icon) that corresponds to what you think about the class.

今日から使える
場面別
基本フレーズ

Chapter
2

1 教室環境や身だしなみを整えさせる

授業準備をさせる

T 授業を始めますので，急いで準備しなさい。
We're starting class, so hurry and get ready.

T 次の授業の準備は休み時間にしておきましょう。
You should prepare for your next class between classes（または during break）.

T 授業の道具は机の左に置きます。
Put your class materials on the left side of your desk.

教室環境や身だしなみを整えさせる

T 机（ロッカー／教室）をきちんとしなさい。
Straighten up your desk (locker/classroom).

T 机の列をそろえなさい。机が列から出ているので入れなさい。
Line up your desks. Put your desk(s) back in line.

S （生活委員などが他の生徒に対して）服装を整えて下さい。
Check and fix your uniform.

いつも持ち帰る物，教室に置いておいてよい物を確認する

T 教科書，ノート，ワークブックは毎回持ち帰らなければいけません。
You must take your textbook, notebooks, and workbook home after every English class.

T 辞書とファイルは教室に置いておいてよいです。
You may leave your dictionary and file in your classroom.

姿勢に注意させる，良い姿勢で注目させる

T 教科書はこのように持って。（両手で持つことを実際に示す）
Hold your textbook like this.

T 足は床につけて。
Put（または Keep）your feet on the floor.

T 姿勢をよくして座りましょう。正しい姿勢。注目しましょう。
Sit up straight. Good posture. Please pay attention.

指導上の留意点

・教室の環境（机の列をそろえる等），身だしなみの確認等も学習の空気をつくるために大切です。英語で指示を出して注意を喚起しましょう。
・音読の際も教科書を両手に持って姿勢を正して読む習慣をつくります。
・確かな学力をつけるためには，まず「聴く姿勢」をきちんと身につけることが大切です。教師の説明や友達の発言を集中して聴くことを入学当初から指導することが必要です。Please pay attention. 等の教師の発話で手を止めて，目と耳と心を発話者の方に向けることを約束としておきます。

2 忘れ物・ざわつきのない授業をつくる

忘れ物を報告させる

S1 教科書を忘れました。
I forgot my textbook.

T 次回は気をつけなさい。隣の人に見せてもらえるように頼みなさい。
Be careful next time. Ask your neighbor to share with you.

S1 教科書をいっしょに見せてくれますか。
Can I share your textbook?

S2 いいですよ。
Sure.

S1 （授業の道具をロッカーに忘れたので）ロッカーに（取りに）行ってもよいですか。
May I go to my locker?

T 急ぎなさい。
Hurry.

当番を確認する

T 黒板を消しなさい。当番はだれですか。
Erase the board. Who is on duty?

静かに取り組ませる

T 並んでいる間は静かに。（テストの返却時に並んでいるときなど）
Keep quiet while in line.

T みんなが終わるまで静かに。
Keep quiet until everyone is done.

次の活動への取りかかりを早くさせる

T 次の活動にうつりますので急いで終えましょう。
Hurry and finish so we can move on.

指導上の留意点

・これらの表現を使用する必要がないほどの準備や取組を促す工夫が当然求められます。生徒には，教師の投げかけに対して OK. I will. Yes, ma'am.（男性教員に対しては Yes, sir. 以下の章，項目においても同様）Thank you. I'm sorry. I am. Me. 等のレスポンスを促します。

・一つひとつの動作を機敏に行うように指導します。Hurry. Ten, nine, eight, ... 数字をカウントして Stop! の合図とともにベル（鈴）を鳴らします。キッチンタイマーも使うことがありますが，小さいベル（鈴）も見かけがかわいらしく，音も響きます。

3 机の移動をする／ペア・グループをつくる

机の配置を指示する

T　２人で向かい合いなさい。
Move your desks together and face each other.

T　４人班（６人班）になりなさい。
Make groups of four (six). Move your desks together.

T　コの字型になりなさい。
Move your desks and make a horseshoe shape (a U-shape).

T　こちら半分とこちら半分，教室の中央を向き合うように座りなさい。
Turn your desks to the middle of the classroom.

T　（テストのときなどに）クラスの半分は窓側，半分は壁側。（お互いに背を向けるように）
Please separate your desks and these lines face outside and these lines please face the wall.

T　机をもとに戻しなさい。前を向きなさい。
Move your desks back. Face front. (Face forward.)

ペアのつくり方を指示する

T
前から順に，隣の人（横の人）とペアをつくりなさい。
Make a pair with the person next to you.

T
前から順に，前後で（縦で）ペアをつくりなさい。
Make a pair with the person behind or in front of you.

T
ペアの相手がいない人？
Who doesn't have a partner? Who couldn't make a pair?

並ばせる

T
出席番号順に並びなさい。
Line up in numerical order.

まねをさせる

T
私のするようにしなさい。
Follow my lead.

指導上の留意点

・班になったときは，机の配置により黒板に背を向けることになる生徒，横向きとなる生徒も，「聴きなさい」（Listen.）や「注目しましょう」（Please pay attention.）の指示で椅子ごと前を向くように約束しておきます。

4 生徒の理解度を確認する

ここまでのところは理解できているか確認する

T 10ページまではすべて理解できていますか。
Have you got everything up to page 10?

T 朝食について尋ねるところまではすべて理解できていますか。
Have you got everything up to asking about breakfast?

T ここまでのところは理解できていますか。
Are you with me so far?

S はい，そう思いますが，もう一度この文法を説明して下さいますか。
Yes, I think so, but could you explain this grammar again?

理解度をじゃんけんで確認する

T じゃんけんで理解度を確認しましょう。今から言う文が正しければ，パー，正しくなければチョキを出して下さい。１，２，３！
Let's check your understanding by playing rock-paper-scissors. If the sentence is correct, it's paper. If the answer is not correct, it's scissors. One, two, shoot!

その場で覚える時間を取り，覚えたか確認する

T この文（これらの文）を覚えられるか確認しましょう。
Let's check to see if you can memorize this sentence (these sentences).

T この文（これらの文）を覚え終わったら座りなさい。
When you are finished memorizing this sentence (these sentences), please sit down.

T 覚えたかどうか確認するために，ランダムに当てます。
I will choose people randomly to check if you memorized it or not.

オーラル・インタラクションを通して内容を確認する

T ここはどこでしょう。何が起こっているのでしょう。これが＿＿だと思う人？
Where is this? What's happening? Who thinks this is a ＿＿?

指導上の留意点

・Have you got everything up to ＿＿? とつねに生徒の理解度を確認するようにしています。生徒の表情や英問英答，大意把握，真偽テスト等，確認のための具体的な手立ても同時に求められると思います。
・進捗状況を確認するという意味で，タスクが終了したら座るといった目に見える動作で確認することもできます。実際に習得できているかの確認をランダムに抽出して行うこともあります。

5 机間指導で個々の状況をとらえる

チェックが済んだかどうかを確認する

T この列でプリントのチェックが必要な人？（まだプリントを見てもらっていない人？）
Is there anyone in this row who needs their paper checked?

T この列でノートのチェックが必要な人？（まだノートを見てもらっていない人？）
Is there anyone in this row who needs their notebook checked?

T まだ見てもらっていない人？
Who hasn't been checked yet?

机間指導中の気づきをクラス全体に広げる

T みなさんがよく間違えていることの一つに____があります。これもたくさん見られましたが，______。そして別の間違いをもう一つ。このことに気をつけましょう。
One mistake that I see a lot is ____. I see this a lot, too. ____. And another one. Please be careful with this.

全体の作業状況の確認をする

T
終わった人は手を挙げなさい。
Who is finished?（または Who has finished?）Raise your hand.
If you're done, raise your hand.

S
終わりました。
I'm finished.（または I'm done.）

まだ時間が必要かどうかを確認する

T
まだ時間が必要な人？
Who needs more time? Does anyone need more time?

T
まだ課題（ワークブック／問題／テスト直し）ができていない人？
Who has not finished the assignment（または the workbook/the exercise/correcting your test papers）yet?

指導上の留意点

・どのようなときでも使える役立つ表現として ALT の先生に教えていただいた表現に Keep going. があります。机間指導で個別に確認した後，「続けて取り組みなさい」という意味でよく使用しています。
・個別に見て回っている際にも，支援を必要としている生徒はいないか，スムーズに全員が課題に取り組むことができているか，つねにクラス全体に目を配っておくことが大切です。

6 生徒の積極的な発表を促す

ランダムに指名する

T Volunteer! がなければランダムに当てます。
If there are no volunteers, I will choose（または pick）someone.

列や出席番号で指名する

T ○くんの列。
○ -kun's line.

T 12番の人にしましょう。
I will go with No. 12.

名前を呼ぶ

T 名前を呼んだ人は，前に来てください。
If I call your name, please come to the front.

T 名前を呼んだ人は，返事をしてください。
If I call your name, please respond.

自発的な発表を促す

T 進んで発表してくれる人。
I will ask for a volunteer.

T ５人の人にここに来て，黒板に書いてもらいましょう。
I want five of you to come here and write on the blackboard.

T 答えがわかる人？
Who knows the answer? Does anyone know the answer?

S わかります！
I know!

指導上の留意点

・発問から指名までの間に，教師への視線の向け方や自信の有無等，生徒一人ひとりの表情をしっかりとらえるようにします。
・積極的に Volunteer! を促す場面，ランダムに矢継ぎ早に当てていく場面…とねらいに沿って適切に取り入れていく必要があります。時には，どの列からあるいはどの座席からスタートするかを楽しいライムを口ずさみながら決めることもあります。韻をふんで調子よく歌いながら順番に生徒を指していき，最後のせりふのところで止まった座席からスタートするということも行っています（cf. Chapter 2 のコラム「最初にスタートする列や発表者を決める」）。

7 寒い？暑い？教室を快適に保つ

教室内が寒い，暑い，ちょうどよい

T 寒い人？
Who is cold?

T 暑い人？
Who is hot?

T ちょうどよい人？
Who is just right?

ストーブについて

S 寒いのでストーブをつけて下さい。
It's too cold. Could you turn on the heater?

S 暑いのでストーブを消して下さい。
It's too hot. Could you turn off the heater?

T もちろん。いいですよ。
Sure. / OK.

エアコン・扇風機について

S

暑いので，エアコン／扇風機をつけて下さい。
It's too hot. Could you turn on the air conditioner (A/C) / the (ceiling) fan?

T

黒板に貼った紙が飛ぶので，少し扇風機を止めますよ。
Let's turn off the fan for a few minutes because it's blowing these papers on the board around.

あと○時間，あと○日

T

今日を入れて（除いて）期末テストまであと２時間。
We have two more classes before the end-of-term exam, including (excluding) today.

○時間目は何の授業？

T

２時間目は何の授業ですか？（何の授業でしたか？）
What class is second period? (What class was second period?)

指導上の留意点

- 教室内の気温，採光等の環境に関しても英語でインタラクションを図ると，状況に即した真のコミュニケーションの場面となりえます。
- 必要に応じて，テストまでの時数や時間割等も取り上げながら生徒との対話をふくらませる場面もできると思います。

8 生徒のよいところをどんどんほめる

早さをほめる

T
もうできたの？　早かったね。
Are you done already? That was fast!（または So soon?）

T
手を挙げるのが早かったね。
You raised your hand quickly.（または You volunteered quickly.）

努力をほめる

T
よく努力しました。
Good effort!（失敗，成功両方使えます）

T
よく努力しました。
Nice try!（失敗したときだけ使います）

集中力をほめる

T
授業中，集中していましたね。
During the class you have concentrated your attention on your work.

自主学習ノートの取組と単語テストの結果をほめる賞状

CERTIFICATE
（生徒の氏名）

You did very well on the daily writing practice and word test.

This award is for exceptional work.

We are very proud of your accomplishment!

Good job!

○○ Junior High School

自主学習ノートの取組（頁数）をほめる賞状

CERTIFICATE
（生徒の氏名）

This award is for writing the most pages for personal study.

We are very proud of your hard work!

Good job!

○○ Junior High School

9 もらってうれしい英語の賞状を渡す

自主学習ノートの取組(早く正確に完成させたこと)をほめる賞状

CERTIFICATE
(生徒の氏名)

You were the first person to correctly complete your notebook.
This award is for exceptional effort.
We are very proud of your hard work!
Good job!

○○ Junior High School

授業中の発表をほめる賞状

CERTIFICATE
(生徒の氏名)

This award is for best participation in class.
We are very proud of your hard work!
Good job!

○○ Junior High School

ライティングテストの結果をほめる賞状

CERTIFICATE
（生徒の氏名）

This award is for writing the most on the writing test.
We are very proud of your accomplishment!
Good job!

○○ Junior High School

テキストを写す取組をほめる賞状

CERTIFICATE
（生徒の氏名）

You did very well on the text copying exercise.
This award is for copying the most text within the time limit.
Good job!

○○ Junior High School

指導上の留意点

・生徒のがんばりをつねに励ます声かけを行います。学期末や学年末等，時期ごとに英語の賞状を授業や学年集会等の機会に手渡すことも生徒にとっては励みになります。各賞状の Good job! の前に 1st place（1位）2nd place（2位）3rd place（3位）…10th place（10位）を入れることも可能です。

10 リーダーの号令で授業をはじめる

リーダーの生徒による号令

T それではみなさん。始めましょう。準備はよいですか。
OK, class. Let's begin. Are you ready?

S はい！
Yes !

L 姿勢をまっすぐにして座りましょう。英語の授業を始めましょう。
Sit up straight. Let's begin our English lesson.

S はい！
Yes !

L 礼。
Bow.

S （礼をする）

授業のはじめに授業の意気込みを唱和する

S ベストを尽くそう。（ベストを尽くします。楽しく取り組みます。）
Let's do our best. (I promise to always do my best.
I promise to have fun.)

S 自分自身，先生，クラスメートをリスペクトします。
I will respect myself, my teacher, and my classmates.

※一つ目のフレーズは１年生，二つ目のフレーズは２年生で伝えています。
３年生は両方のフレーズを言うように指導します。

起立させてあいさつする

T 静かにさっと立ちましょう。起立。
Stand up quickly and silently. Please stand up.

T おはよう，みなさん。
Good morning, everyone.

指導上の留意点

- 教師自ら笑顔で教室に入り，明るい声と表情で第一声を放ちましょう。
- 授業の意気込みの唱和のフレーズについては，ALT の先生に教えていただきました。生徒の学習の深まりや習得の状況を見て，多様なフレーズを使えるようにしていくとよいと思われます。
- 立つときは静かにさっと立つことを促すことにより，これから授業を始めるにあたっての集中力を醸成します。全員の準備が整っていることを確認し，Stand up. と速くきびきびと発話することで生徒もさっと行動できます。

11 生徒に感想を求めて授業をおわる

授業の終わりを告げ，生徒に取組をたずねる

T
今日はこれで終わりです。さようなら，みなさん。
That's all for today. Goodbye, everyone.

S
さようなら, ____先生。
Goodbye, Ms./Mr. ____.

T
よい時間を過ごしましたか。
Did you have a good time?

S
はい，過ごしました！
We did!

リーダーの生徒による号令

L
英語の授業を終わりましょう。
Let's end our English lesson.

S
はい！
Yes!

Ⓛ 礼。
Bow.

Ⓢ （礼をする）
ありがとうございました。それでは，また。
Thank you. See you.

指導上の留意点

・教師の声と同時にリーダーの生徒の号令の声もとても大切になってきます。大きな声でクラスのみんなをリードできるように指導します。最初の授業の前に個別にフレーズと手順を丁寧に指導しておけば，１年生の最初の授業からリーダーの生徒による英語の号令は可能です。
・授業の最初と最後にみんなで声をそろえて言うことで，英語学習モードをつくることができます。
・授業振り返りシートに毎時間記入をさせていますが，「いろいろなことを知りながらできるのでワクワクする」「全員が Volunteer! で発表できたからうれしい」「“大きな声で，そろって，早く”が自分はできたと思うので次もそうしたい」「楽しかった。今日習ったことも全部言える !!」といった満足感や充実感がおわりのあいさつのときの生徒の声や表情に凝集されるのではないかと思います。Did you have a good time? の呼びかけに生徒達が明るく笑顔で We did! と答えることができるような，充実した授業をつくっていきましょう。

12 天気から話題を広げる

天気から話題を広げる

S/T
晴れです。 → そうですね。すばらしい日ですね。
It's sunny. → Yes. It's such a beautiful day!

S/T
曇りです。 → そうですね。雨が降りそうです。
It's cloudy. → Yes. It looks like it might rain.

S/T
雨です。 → そうですね。雨の音が大好きです。
It's rainy. → Yes. I love the sound of rain.

S/T
雪です。 → そうですね。降る雪を見て。何と美しい！
It's snowy.
→ Yes. Look at the snow falling. How beautiful!

T
晴れ（曇り／雨／雪）の日は好きですか。
Do you like sunny (cloudy/rainy/snowy) days?

T
晴れ（曇り／雨／雪）の日は何をしますか。
What do you do on sunny (cloudy/rainy/snowy) days?

窓から外を見て

T 曇ってきましたね。
It’s getting cloudy.

T 晴れてきましたね。
It’s clearing up.

T 雨（雪／あられ）が降り出しましたね。
It’s starting to rain (snow/hail).

T 雨が降りそうです。
It’s going to rain.

T 雨が少しだけ降っていますが，これから本格的に降るかな。
It’s trying to rain.

指導上の留意点

・あいさつ後，天気について対話を行うこともありますが，その際に天気からさらに対話を広げていくこともできます。つねに談話（ディスコース）という視点を念頭に置いておくと，発話が一問一答式で終わることがなくなります。
・生徒が天気を答えた際に，文字と天気を表す絵を描いたワードカードを黒板に表示することもあります。
・天気を確認するように窓の外に視線を向けて，手を窓の方向に向けながら「天気はどうですか」（How’s the weather?）と尋ねると，生徒も教師の視線と手の動きに合わせて天気を確認して発話をしています。

13 授業のねらいと振り返りのポイントを簡潔に示す

声をしっかり出すように促す

T 今日もいつものように声を出して元気よくいきましょう。
Let's speak up today as usual.

前回の続きから始めることを伝える

T 今日は前回，終えたところから始めます。
Today we will go on from where we left off last time.
（または Today we will pick up from where we left off last time.）

前回説明していなかった点を説明する

T 前回説明していなかったことが１つ（複数）ありますので，戻りましょう。
There is something (some things) I didn't explain last time, so let's go back.

本時で扱う内容を伝える

T 今日は…を扱います。
Today we will be covering....

次時の予告を行う

T
次回は次の活動に入ります。
We are going to move on to（または cover）the next activity next time.

T
次回，この続きから行います。
We'll pick this up next time.

S
楽しみにしています。
I'm looking forward to it.（We're looking forward to it.）

今日学んだことを振り返り，ポイントを確認する

T
今日学んだことを振り返りましょう。今日の大切なポイントは何ですか。
Let's go over what we've learned today. What are some of the important points we (have) covered today?

S
今日は，私達はアルファベットを学びました。
Today we've learned (covered) the alphabet.

指導上の留意点

・何か生徒の興味を引きつけるような物を提示して自然に生徒を学習にいざなった後に，学習のポイントを明確にすることもあると思われます。学習内容や指導者のねらいによって生徒の導き方を工夫しましょう。終了間際は，次時への見通しを持たせたり，生徒自身のことばでまとめさせることにより，学習した内容や言語形式のまとめや再確認を行います。

14 リスニングの指導をする

リスニングの活動を行うことを伝える

T

次のページの *Listen* のところを見て下さい。
Look at the next page where it says *Listen*.

T

さあ，聞きましょう。リスニングの活動を行いましょう。
Let's listen. Let's do the listening activity.

T

聞き取りの間，メモを取りなさい。
Please take notes while listening.

聞き取れたかどうかを確認する

T

１回で聞き取れた人？
Who understood the first time?（←トピックがわかっている場合）
Who understood it the first time?（←トピックがわかっていない場合）

T

今度は聞き取れた人？
Who understood this time?（←トピックがわかっている場合）
Who understood it this time?（←トピックがわかっていない場合）

もう一度聞きたい場合

T もう一度聞きたい人？
Who wants to hear it again?

S はい！
Me! または I do!

S もう一度 CD をかけていただけますか。
Could you play the CD once more?（または Could you play it again? ← CD とわかっていれば it がよい）

T わかりました。確認のためにもう一度 CD を聞いてみましょう。
OK. Let's listen to the CD again to check your understanding（または comprehension）.

指導上の留意点

・一度で聴き取る力を養うためにも，教室英語のスピードを一定の速度を保ったものにすることが考えられます。「速度は習慣」（飯野 1985:126）という言葉があることからも，教師の話す教室英語の速度にも配慮し，生徒のリスニング力を高めるために活用することもできると思います。一度だけでなくラウンドごとに学習者が違った角度から聴き取りを行う発問タスクがデザインされることもあります。高梨・卯城編（2000）がリーディングにおけるラウンド制発問の考え方を提示していますが，米山（1989:118-123）や「３ラウンド制ヒアリングシステム」として知られる指導法（竹蓋（1992, 1997 など））から示唆を受けたとしています。

15 ペアでの会話を促す

声の大きさについての指示

T 大きな声で！
Big voice!

T もっと大きな声で。
Speak louder, please.

T 聞こえません。
I can't hear you.

ペアで話す活動の指示

T ペアの中で，最初に言う人は「わたしからやります」と言って下さい。
In your pairs the first person to present should say "I'll go first."

T ペアでお互いに発表し合って下さい。
Please present to each other in pairs.

列ごとに練習する活動の指示

この列の人，立って下さい。前から私の問いに答えなさい。問いに答えた人は座ります。自分の番が来るまで立って待ちます。

T The students in this line, please stand up. Starting from the front, answer my question(s). When you have answered the question(s), sit down. The rest of the students in this line, remain standing until your turn.

前の人の質問に答えたら同じ質問を後ろの人にして下さい。後の人に答えてもらったら座ってよいです。

T Answer the question and then ask the person behind you the same question. You may sit down when you receive an answer.

指導上の留意点

・適切な声の大きさに留意させましょう。ときどきグラウンドでスポーツをする際のようにとても大きい生徒の声を耳にすることもありますが，A little more quietly, please. を伝えたいときの言葉として，ALT の先生に Inside voice, please. を教えていただきました（ちなみにその逆が Outside voice. だそうです）。発表の際もそうですが，適切なボリューム（Appropriate volume!）という面も伝えておく必要があると思います。

・逆に，声を出すトレーニングとして，列の前から後ろの生徒にいくほど次第に大きく言っていく（Say it louder.），逆に次第に小さく言っていく（Say it softer.）活動を取り入れると，授業に動きと変化が生まれ，後ろの生徒も自然と大きな声を出す効果があります。

・生徒に Responding moves に限らず，Question の文も発話させる機会として Chain Practice を取り入れることがあります（本頁上）。

16 繰り返し音読練習を指示する

読み方の指示

T パラレル・リーディングをしましょう。CDといっしょに読みましょう。
Let's do parallel reading. Let's read along with the CD.

T *Let's see* と *Go down* の間はCDでは少し長いですよ。
The pause between *Let's See* and *Go down* is a little bit longer on the CD.

全体で音読練習をする

T 前から順に，（28ページの）文を1人1文ずつ読みなさい。
Starting from the front, take turns reading one sentence each (on page 28).

T この列の生徒は1人1文ずつ読みます。1人読んだら全体でもその文を繰り返します。
The students in this line, read one sentence each, but everyone repeat the sentence that was just read.

個人・ペアで音読練習をする

T 46ページのテキストを３回読んで座りましょう。
Practice reading the text on page 46 three times, and then sit down.

T ペアになってテキストを読む練習をしましょう。それぞれの役を交代して読みましょう。
Make pairs and practice reading the text. Take turns reading each part（または role）and then sit down.

音読練習の成果を発表する

T 28ページの１行目から５行目まで読んでくれますか。
Will you read the first five lines on page 28?

T 28ページの *She works*.... から読んで下さい。
Please read page 28 beginning at *She works*....

指導上の留意点

- 生徒の練習量をたくさん確保するために，多様な方法を取り入れます。１人読んだら，全体でもその文を繰り返させたり，立ち読みを行ったり，読む回数を決めたり，変化のある繰り返しにより多量に練習させます。集中力を保つために，１文を全体，列やグループ，個と変化を持たせながらランダムにリピートさせていくこともあります。
- CDのスピードやポーズのとり方にも注目させます。

17 板書・ノートの書き方を指示する

板書を写す

T 今日のポイントをまとめましょう。
Let's review today's point(s).

T 先生と同じスピードで書きなさい。
Write at the same speed as I do.

T （逐一顔を上げて写すのではなく）一度で見て書くようにしましょう。
Try to write as much as you can remember when you look at the board.

書く時間はまたあとであることを伝える

T 鉛筆を置いて，聴きます。あとでこれを書く時間はまたとります。
Put your pencils down. Just listen. I'll give you time to write this down later.

T （当番の○くんに）（まだ書いている人がいるから）板書はまだ置いておいて下さいね。これはまだ消さないで下さいね。
○-kun, please leave this on the board. ○-kun, don't erase this yet.

書き方を指示する

T

スペースがなければ，小さい字で書くか，余白に書くか，裏に書いてよいです。２行になってもよいですよ。

If you don't have enough space, try to write a little smaller, write in the margin, or write on the back. If you can fit two lines in the blank, that would be fine.

T

□の右に○を書きなさい。◇の下に◆を書きなさい。

Write ○ after □. Write ◆ under ◇.

T

日本語の横に（下に）英訳を書きなさい。

Write the translation next to (below) the Japanese.

活動として書くことを指示する

T

過去の文をノートに書いて，過去時制の語に線を引きなさい。

Write the sentences that are past tense in your notebook and (please) underline the past tense words.

T

今から言う文をノートに書きなさい。

I'm going to say some sentences and I want you to write down in your notebook what I say.

指導上の留意点

・時間内に早く正確に書くことができるように促します。時間がきたらいったん手を止めてポイントを確認します。

18 アルファベットの書き方を指導する

アルファベットの練習の仕方の指示を出す

T A から Z まで１つの文字につき５回ずつ練習しなさい。
Practice writing A through Z five times each.

T 文字（単語）を２回なぞってから３回自分で書きます。
Trace the letters (words) twice and write them three times.

アルファベットの向きや形の特徴を説明する

T b は右向き，d は左向き。
The loop on the b is on the right. The loop on the d is on the left.

T n は山一つ，m は山二つ。
‘n’ has one hump. ‘m’ has two humps.

T v は先をとがらせて。
Make your ‘v’ s pointy.

アルファベットを書くときに書き忘れないように注意する

T　Iの上と下の横棒を忘れないように。
Don't forget the serifs on your 'I' s.

T　iとjの点をつけるのを忘れないように。
Don't forget to dot your 'i' s and 'j' s.

アルファベットを書く位置に注意させる

T　fは上の線につけます。
Make your 'f' s go all the way to the top.

T　tは第1線と第2線の間から書き始めます。
Start your 't' s between the top line and the second line.

アルファベットの形を正確に書かせる

T　aがuのように見えるので上を閉じましょう。丸を書いて線を書きます。
Your 'a' looks like a 'u'. Close the top. Make a circle and then a line.

指導上の留意点

・入学当初から丁寧な文字指導を積み重ねると，生徒達は本当に美しい文字を書けるようになります。教師の文字は生徒のお手本となるので教師自ら美しい文字を心がけたいものです。教師の英語表現を覚えて，aを繰り返し練習する際に，"A circle. A line. A circle. A line...." とつぶやきながら書いている生徒もいました。

19 文章の書き方を指導する

文の書き方のルールについて

T 文の最後にピリオドをつけなさい。
(You should) put a period at the end.

T これはコンマなので，しっぽをつけて下さい。（はらいなさい）
This should be a comma. Give it a tail.

T ピリオド（クエスチョンマーク／コンマ）が必要です。
You need a period (question mark/comma).

T 文は大文字で始めます。
Start your sentences with capital letters.

T 文の途中は，固有名詞でなければ大文字は必要ありません。
You don't need capital letters mid-sentence unless it's a proper name.

T これは名前なので，大文字で始めます。
This is a name, so it needs a capital letter.

文の書き方を注意する，指示する

T 単語と単語の間をもっと間隔をあけて書きなさい。
Leave more space between words.

T 単語をあまりにも離して書いています。もっとつめて書きなさい。
Your words are too far apart. Write them closer together.

T だんだん書くのが上がっています。（下がっています）
You're writing up (down).

T 同じ位置から書き始めなさい。
Start writing at the same spot on every line.

T （文を途中で改行せずに）右までつめて書きなさい。
Fill up a line before you go to the next one.

T 登場人物（１文）ごとに改行しなさい。
You can start a new line for each character (sentence).

指導上の留意点

・正しく文を書く指導も，入門期の英語教育の役割の一つです。４線の使い方，ピリオドやクエスチョンマーク，コンマの書き方や４線上の位置についてもはじめに丁寧に説明し，継続して指導していきましょう。複数線引具を使うことも有意義です。（cf.Chapter3「正しく・読みやすく・美しく　理解内容を書いてまとめる」）

20 発音のルールを指導する

発音の仕方のルールについて説明する

T
（tennis, pass, teammate のような語に関して）２つ同じ文字があるときは発音するのは１つ分だけでよいです。
When there are two similar letters together, we only pronounce one of them.

T
'oo' は /u/ または /u:/ と発音します。
'oo' says /u/ or /u:/.

T
'Can I' は /kænái/ と発音されます。
'Can I' should be pronounced /kænái/.

T
読まない 'e' で終わっている語は，母音を名前読みします。
When a word ends with the silent 'e', the vowel is pronounced like its name.

T
英語では，ふつう複数形の 's' の部分は強調して読みません。
In English we don't usually emphasize the 's' in a plural.

黙字について説明する

T 発音されない文字を持つ語もあります。
Some words have letters that are not pronounced.

T （light に関して）*gh* は発音しません。
We don't pronounce the *gh*. The gh are silent letters.

強勢について説明する

T 大きい黒丸は第一強勢，小さい黒丸は第二強勢を表します。
A big black dot indicates the primary stress. A small black dot indicates the secondary stress.

T *doesn't* と *English* を強く読みます。
The stress is on the words *doesn't* and *English*.

T ここを強く読みます。
Put the stress here.

指導上の留意点

・誤りを逐一言及することは自信の喪失につながることも考えられますが，生徒の発話や発話しようとした意欲を温かく受け止めた上で，正しいインプットを再度与えます。特に Mim-mem の最中は，誤りを何度も繰り返すということがないようにする必要があると思われます。クラス全体の共通する困難点として全体でも練習する機会をとりましょう。生徒の音読中には，生徒といっしょに読まずに生徒の読みに耳を傾けましょう。

21 教科書・プリントのページや場所を示す

教科書のページを示す

T もっと前（後ろ）の方のページです。
It's more towards the front (back).

T 表紙（裏表紙）の内側を見なさい。（口絵等が書いてあるページ）
Look at the inside of the front (back) cover of your book.

T はじめて字が書いてあるページ（最後に字が書いてあるページ）を見なさい。
Look at the very front (back) of your book.

T これは○ページで習いましたね。
We learned this on page ○ . (We covered this on page ○ .)

T これはまた○ページに出てきますよ。
We'll see this (again) on page ○ .

T ○ページに進みましょう（戻りましょう）。←進む，戻る両方使える表現。
Now, let's turn to page ○ .

教科書中やプリント中の位置について指示する

T ○ページの上（真ん中／下）を見なさい。
Look at the top (the middle/the bottom) of page ○.

T ○ページの右（左）の余白にある新出語句を練習しましょう。
Let's practice the new words in the right (left) margin on page ○.

T 教科書の８ページの上から２行目にその語があります。
You will find the word in the second line from the top on page 8 of your textbook.

T プリントの上（下）半分を見なさい。
Look at the top (bottom) half of the handout.

T 右上にクラス，出席番号，名前を書きなさい。
Write your class, student number, and name in the upper right-hand corner.

指導上の留意点

・ページや場所を示すことは授業中にしばしば行われると思います。実際に教科書やプリントを生徒に掲げて，手でその位置を見せながら発話すると生徒の理解も容易になります。

22 文法を説明する（短縮形・進行形・過去形）

短縮形について

T
we と are は短縮できます。
We can make a contraction with we and are.

T
we're は we are の短縮形です。
We're is the contraction of we are.

T
I am は I'm にできます。しかし am not は短縮できません。
I am can become I'm, but am not cannot be a contraction.

ing 形のつくり方について

T
run は n を重ねて ing。
You need another 'n'. There are two 'n's in running.

T
make は e を除いて ing。
For 'make,' drop the 'e' and add 'ing.'

S/T
他にはどのような例がありますか。
（← ing 形だけでなく，いろいろな場面で使える質問）
What other examples are there?

過去形について

(T) これは 'ed' が必要です。
This needs an 'ed.'

(T) play に ed を付け加えたらどうなりますか。
If you add an 'ed' to 'play,' what does it become?

(T) did を使ったら，動詞は原形です。
If you use 'did' in a sentence, use the root word of your verb.

(T) （過去のことを表すときは）主語が何であっても，動詞は同じです。
It doesn't matter who you are talking about, the verb stays the same.

指導上の留意点

・これらの英語による明示的文法説明が生徒にとっての良いインプットとなり，説明に使われた語や表現を自然に復唱している場面も見られます。必要な場面でふさわしい表現を聴かせることは言語の習得を促すことにもつながるのではないかと思います。
・I am can become I'm. などは，板書を指し示すこととジェスチャー（I'm と言うときに両手で縮める動作をすること）を用いることにより生徒は教師の発話を理解することが容易になります。

23 文法を説明する（助動詞）／口頭練習をさせる

助動詞 can について

(T) 'cannot' は（'can not' ではなく）1語として書きます。
Write 'cannot' as one word.

(T) can を使って聞いたら，can を使って答えます。
If the question has can, then the answer should have can.

(T) you と can をひっくり返したら疑問文ができます。
Switch you and can, and that makes a question.

(T) 主語が何であっても，その助動詞は変わりません。
It doesn't matter who you are talking about, the auxiliary verb stays the same.

生徒の気づきを促す

(T) これらの文について何か気づいたことがありますか。共通点は何ですか。
Did you notice anything about these sentences? What do they have in common?

指示に従って発話させる

T 先生が見せる語の過去形を言いなさい。
Say the past tense of the word I show you.

T 先生が見せる語の比較級（最上級）を言いなさい。
Say the comparative form (superlative form) of the word I show you.

T もう１回最初から。
Go through again.

T 文の主語を You に変えなさい。
Change the subject of the sentence to You.

T キューに従って文を変えなさい。
Change the sentences with the cues.

指導上の留意点

・英語による明示的な文法説明は，ここに挙げた例を見ても，教師，生徒双方にとってそれほど難しい表現であるわけではないということがいえると思います。例えば，If the question has can, then the answer should have can. 板書した疑問文とその答えの文をそれぞれ指し示しながらこのように発話すれば，question，answer，can といったキーワードを聴き取って，中学校１年生でも十分教師の発話の内容を理解することができます。例文をたくさん挙げて，生徒の理解につなげる帰納的な指導の際にも活用できると思います。

24 練習問題・ワークブックに取り組ませる

問題を解かせる

T 教科書の 90 ページのセクション 1 から 3 の問題をやりなさい。
Do the exercises in Sections 1 through 3 on page 90 of your textbook.

T 教科書の中の答えを丸で囲みなさい。
Please circle the answer in your textbooks.

T 教科書の中の空欄をうめなさい。
Please fill in the blanks in your textbooks.

T 最初にこちら側の問題をやって，それから裏側をやりなさい。
First do the exercises on this side, then the back (side).

T ワークの 90 ページまでは全部できますよ。
We have covered everything up to page 90 in your workbook.

T この問題を完成させるのにあと 1 分あげます。
I will give you one minute to complete this exercise.

問題の解き方を一緒に確認する

(T) 最初の問いは一緒にやってみましょう。
Let's do the first question together.

(T) ４番までずっとこのやり方です。
Follow this pattern all the way through No. 4.

答えの書き方を指示する

(T) （答えの部分だけでなく）きちんとした文で答えなさい。
Answer in complete sentences. Write the complete sentences.

(T) 答えは教科書に直接書き込んでよいです。
You can write your answers in your textbook.

(T) 答えはノートに書きなさい。
Write your answers in your notebook.

指導上の留意点

・「答えだけでよいですか」（Do you want us to write just the answers?）「きちんとした文で書くのですか」（Do you want us to write the complete sentences?）「答えはノートに書くのですか」（Do you want us to write in our notebooks?）「答えは教科書に書き込むのですか」（Do you want us to write in our textbooks?）といった生徒の教室英語も指導しておくと教室内に教師と生徒のインタラクションが生まれます。

25 答え合わせをする

各自で答え合わせをさせる

T 黒板に書かれたもの（模範解答）と自分の答えを比べなさい。
Compare your answers to those on the board (the answer key).

T もし答えが合っていたら，丸をしなさい。もし間違っていたら，赤ペンで正しい答えを書きなさい。（赤ペンで間違いを直しなさい）
If the answer is correct, circle it. If it's incorrect, write the correct answer with your red pen. (Correct your mistakes in red.)

T （裏の下の方に解答が書いてあり，折り返すことによって答えが確認できるようなシートの場合）紙を折り返して答えを確認しなさい。
Please fold your paper over to see the answers.

教師が答えを確認する

T あなたの答えを確認しますね。
Let me check your answer(s).

T あなたのノートを確認しますね。
Let me check your notebook.

ペアで答え合わせをする

T 隣の人と解答用紙を交換しなさい。
Please exchange your answer sheets with your neighbor.

T 四角の囲みの中に合計点を書いて，解答用紙を相手に戻しなさい。
Write the total score in the box, and return the answer sheets to their owners.

答えを求める

T どれが正しい答えでしょう。
Which one is the correct answer?

T １番の答えは何でしょう。
What's the answer to No. 1?

指導上の留意点

- 「赤ペンを出して答えを確認しましょう」（Let's take out your red pens and check your answers.）という指示で速やかに答え合わせの準備をさせます。
- 生徒一人ひとりの理解度を教師が丁寧に確認していく際，つまずいている点を具体的に支援したり，良さをほめたりします。 例：「丁寧に書けましたね」（You did such a wonderful job with your handwriting.）
- ペアで確認する場合，座席や欠席者の関係で隣がいない生徒がいるときは，「３人でシートを交換しなさい」（You three, exchange your answer sheets.）と声をかけます。

26 答えを発表させる

答えを発表させる

T
みんなでいっしょに答えを言ってみましょう。
Please answer in chorus.（Please answer at the same time.）

S1
答えは____です。良いですか？
The answer is ____. Is this right?（Is this correct?）

S
良いです。
Yes, it is.

S
違います。（答えは____です。）
No, it's not.（No, it should be ___. または The answer is ___.）

S1
答えは____だと思います。どう思いますか。
I think the answer is ____. What do you think?

S
わたしもそう思います。／わたしはそう思いません。
I think so, too./I don't think so.

結果（生徒の状況）を確認する

T　１番が合っていた人？
Who got No. 1 correct?

T　大きい１番が全部合っていた人？
Who got all of Section 1 correct?

T　全部合っていた人？
Who got all of them correct? Who got a perfect score?

T　両方合っていた人？
Who got both correct?

T　１問（２問／３問）違っていた人？
Who missed one?/Who missed two?/Who missed three?

指導上の留意点

・ぜひ取り入れたいのが，生徒が答えを発表する際にも英語で発表し，他の生徒達に確認する生徒同士のインタラクションです。他の生徒達にも "Yes, it is." "I think so, too." "The answer is ___." "I don't think so." といった発話を促し，生徒相互による自然な言語使用の場面とします。そうした場面が出てきたときに最初に指導して継続的に使っていくと，１年生の最初の時期から使用することが可能です。
・確認した生徒の状況は，生徒の困難度（全体での再確認が必要な箇所）の把握や具体的な支援につなげていきます。

27 フラッシュカードを使って単語指導をする

既習の語を振り返る

T

これと似たようなものを習いましたね。（Here we are. と Here you are. のような場合）

We learned something similar to this.

T

似たような意味をもつ語は何を習いましたか。（Let's see... と Well, のような場合）

What word have you already learned that has a similar meaning?

フラッシュカードを全員で読む

T

フラッシュカードを読みなさい。

Read the flashcards out loud.

T

後で一人ずつ読んでもらいますよ。今しっかり練習しておきましょう。

I'm going to ask each of you to read, so let's practice now.

T

この単語は難しい人もいるようですので，全員で練習しましょう。

Let's practice all together since this word is difficult for some (students).

フラッシュカードを一人ずつ読む

T

前から順に各単語を読みなさい。（←順次違う語を読んでいく）
Starting from the front, read each word.

T

前から順に同じ単語をリピートしなさい。（←最初の人が読んだ語を後ろの人もどんどんリピートする）
Starting from the front, repeat the word one at a time.

T

光太くんが読んだら全員でそれをリピート。咲さんが次の語を読んだら全員でそれをリピート。（←一人読んだらその後全員でもリピートする）
After Kota reads his word, everybody repeat(s) it, and the same for Saki, and so on.

辞書を活用する

T

辞書で home の意味を調べてみた人？
Who looked up the meaning of *home*?

指導上の留意点

- 個を指名して困難度が感じられた語については，再度全体に戻して全体でも練習する機会を確保しましょう。
- 全体で読むときは，後で一人ずつ指名することを伝え，全員に集中させましょう。
- 巻末に *Word List* がある教科書も多いですが，辞書の活用を積極的に促しましょう。早い段階から辞書を取り入れることにより小文字の習得を促すことにもつながるように思います。

28 スムーズにプリントを配る・集める・返却する

プリントを配ることを伝える

T プリントが１枚あります。／２枚あります。／数枚あります。
Here's a handout. /Here are a couple of handouts. /Here are some handouts.

全員プリントが行き渡るようにする

T 全員そのプリント(両方のプリント／それらのプリント)がありますか。
Make sure everyone gets one (both/all of these).

T 欠席者の机にもそれ（それら）をきちんと入れておいて下さい。
Please put it (them) in the desks of the students who are absent.

両面印刷されているときの指示

T 両面に問題があります。まずこちら側からやりなさい。
There are exercises on both sides of the paper. Do this side first.

T 裏返しなさい。
Turn your paper(s) over.

プリントの集め方を指示する

T すべて名前を書いている方を上にして集めなさい。
Collect them all name-up.

T すべて基本問題を上にして集めなさい。
Collect them all basic side-up.

T きちんと整えて集めなさい。
Collect them neatly.

プリントを返却してファイルに綴じる

T ワークシートを返却します。全員戻ってきましたか。
ファイルに綴じなさい。
I'll return your worksheet. Did everyone get theirs?
Put this paper in your file. (Please file this paper.)

指導上の留意点

- 集め方の指示を出しておくことにより，回収してからの確認がスムーズにできます。（Collect them all～-up や Collect them neatly.）
- 手渡すときは "Here you are." と言って，手渡す相手の方に向けて両手で渡すように最初に指導します。受け取った際は "Thank you." と返します。
- 「1枚足りません」（We need one more handout.）「1枚余りました」（There is an extra handout.）といった生徒の教室英語も指導しておくと教室内に教師と生徒のインタラクションが生まれます。

29 教科書・プリントに書き込みをさせる

線を引く

T ここに下線を引きなさい。
Underline here.

T ここに点線を引きなさい。
Draw a dotted line here. (......)

T ここに波線を引きなさい。
Draw a wavy line here. (～～～)

T ここに二重線を引きなさい。
Double underline here. (＝＝＝)

T ～の下に赤い点線を引きなさい。
Draw a dotted line under ～ in red.

T 過去形の語に下線を引きなさい。
Underline the past tense words.

区切り斜線や記号を入れる

(T) AとBの間に区切り斜線を入れなさい。
Put a slash between A and B.

(T) この記号を使いなさい。つながる音を表すのにこの記号を使います。
Use this symbol (‿). I'm going to use this to link sounds together.

(T) (to, from, left, right など) 方向を表す語に矢印を書きなさい。
Draw an arrow under the words that show direction.

(T) 両方の文の最初に同じ記号を書きなさい。
Put the same symbol at the beginning of both sentences.

大切なところにしるしをつける

(T) これはとても大切です。この文のはじめに星印をつけなさい。
This is very important. Put an asterisk (a star) at the beginning of this sentence.

(T) これはとても大切です。この語(句/文)を丸で囲みなさい。
This is very important. Circle this word (phrase/sentence).

指導上の留意点

・注目する箇所, 大切な箇所にしるしをつけることにより, 視覚的にも重要ポイントがわかりやすくなり, 学習内容を整理することに役立つと思われます。

30 宿題をしっかり提出させる

宿題を出す

T これは宿題です。
This will be homework.

T 夏休みの宿題を渡します。
I'm going to give you homework over summer vacation.

課題と締め切りを伝える・進捗状況を確認する

T ワークをやって３月６日までに提出しなさい。
Complete your workbook and hand it in by March 6.

T 今週中にその課題を提出しなさい。
Hand in the assignment within the week.

T 今日中にその課題を提出しなさい。
Hand in the assignment by the end of today.

T あと何ページ残っていますか。
How many pages do you have left?

早く提出させる

T もう提出できる人は，提出して下さい。
If you can turn it in, please turn it in. （can にアクセント）

T 終わった人は，提出して下さい。
If you are done（または finished), please turn it in.

T まだワークを提出していない人は，早く提出して下さい。
Whoever hasn't turned in their workbook, please hurry and turn it in.

課題を集める

T 授業の最後に課題を集めます。
At the end of class, I'm going to collect your assignment.

再提出を伝える

T もし付箋が貼ってあったら，ワークをやり直して再提出しなさい。
If you have a sticky note, correct your workbook and turn it in again.

指導上の留意点

・提出物を一斉に出させるときは「ロッカーの上にきちんと置く」（Stack them neatly on the locker.）ことと「期限を守る」（You must keep your day.）ことを約束しておきます。できた生徒から随時提出する方法をとることも，スムーズな確認につながります。

31 自主学習を促す

自主学習ノートを準備させる

T 自主学習ノートを出しなさい。
Please take out your personal study notebook.

時間を見つけて自主学習に取り組ませる

T これを終えたら，自主学習ノートに書く練習をしなさい。
If you finish with this, practice writing in your personal study notebook.

T このワークシートを終えたら，自主学習をしなさい。
If you finish with this worksheet, do your personal study.

T 自分の番を待っている間，プリントの問題をやりなさい，そして自分で次の中間テストのための勉強をしなさい。
While you are waiting your turn, do the exercises on the handout and study for the next mid-term exam by yourself.

S 書く練習をして，今は速く上手に書けます。
I practiced my handwriting and now I can write faster and better.

自主学習ノートを提出させる

T 自主学習ノートを先生のところに持ってきて下さい。
Please bring me your personal study notebook.

辞書の活用を促す

T 教科書を参照してもよいし，辞書を活用してもよいです。
You may refer to your textbook or use a dictionary.

T この語を辞書で調べてみなさい。
Look up this word in your dictionary.

指導上の留意点

・学習者の自律性（autonomy）を育成し，主体的に学習に取り組む習慣を身につけさせるために，自主学習ノートと辞書の活用を促しています。また，一つの活動が終わったときや自分の順番を待っているときには率先して次の課題にも取り組むような環境を整えています。
・生徒には，授業用ノートには In-Class Notebook，自主学習ノートには Personal Study Notebook と表紙にタイトルを書かせています。「自主学習ノート（授業用ノート）を出しなさい」（Please take out your personal study notebook（in-class notebook.)）という指示ですぐにそれぞれのノートを準備させます。自主学習ノートの取組については，頁数や内容を評価し，朱書きでコメントを書くと同時にそのがんばりを評価しています。
・辞書に関しては，調べた語句に対して付箋やマーカーの使用もよく謳われています。生徒が楽しんで取り組み，学びの軌跡が達成感にもつながるような語彙指導になるとよいと思います。

32 みんなでゲームをする

順番や人を決める

T 班の中で順番を決めましょう。
Let's decide on an order in your groups.

T 誰が最初にやるか決めましょう。
Let's decide who will go first.

しりとりのやり方を説明する

T 前の座席の人からスタートして黒板に単語を書きなさい。他の生徒は座っておきます。チョークをバトンとして使い，次の生徒に渡します。待っている間，教科書やノートは見てよいですが，黒板には持っていきません。
Starting from the front, write a word on the board. The other students remain seated. Use a piece of chalk as a baton. Pass the baton to the next student at his or her desk. You may look at your textbook or notebook while waiting your turn, but don't take it with you to the board.

ビンゴゲームのやり方を説明する

縦，横，斜め，１つの列に５つそろったら，「ビンゴ！」と言って紙を先生に持ってきます。最初の５人にステッカーを渡します。もし，１つの列に４つそろったら，立って「リーチ！」と言います。

T If you get five in a row, up and down, left and right, or diagonally, say "Bingo!" and bring your paper to me. I will give a sticker to the first five students. If you have four in a row, stand up and say "Reach!"

クリスクロスゲームを開始する

12 番の人にしましょう；縦（横／斜め右／斜め左）の人達は立ちます。

T I will go with No. 12; up and down (across/diagonally right/diagonally left).

指導上の留意点

・上に挙げたゲーム以外にも，「ゲームのやり方を説明します」（Let me explain how it works.）と言って英語で説明することにより，生徒は場面に即した多様な表現に触れることができます。

・カードを使ったゲームでは，「丁寧に扱って下さいね。折り曲げたりしないように。」（Please be gentle with these. Don't bend them.）といった声かけもしておきます。

・楽しい活動ですので，生徒から「またできますか？」（Can we play again?）という声もあがりますが，時間がきている場合は，「今度いつかまたやろうね」（Let's play this game some other time.）と答えます。「楽しみにしています」（We're looking forward to it.）というレスポンスも返ってきます。

33 小テスト・定期テストを行う

テストの予告

T 次のテストは教科書の 70 ページから 80 ページまでです。
The next test covers from page 70 through 80 of your textbook.

T 50 ページから４文出題します。
I'll give you（または choose）four sentences from page 50.

テスト前の準備とテストの開始

T ２，３分したら綴りのテストをします。この時間を使って教科書やノートを見て（最終）確認をしなさい。
In a few minutes we will have a spelling test. Use this time to look at your textbook or a notebook (and check).

T テストを始める時間です。
It's time to begin the test.

T 机の上を片付けなさい。（←答案用紙の返却の際にも使用する表現）
Clear your desks.

答案用紙の使い方

T

（単語を聴き取って４線上に順次書き取る場合）縦ではなく横に書いていきなさい。
Please write from left to right, not top to bottom.

答案用紙提出前の確認

T

解答用紙を提出する前に，句読点，大文字・小文字，綴りミスがないか確認しなさい。あと２，３分です。
Before you hand in the answer sheet, check it for punctuation, capitalization, and spelling errors. You have a few minutes left.

答案用紙の返却とコメント

T

答案用紙を返却します。
I'll give your answer sheets back to you.

T

問題用紙は持ってきましたか。
Did you bring your test questions?

T

１番はよくできていました。
You did well on Section 1.

指導上の留意点

・テストに臨むときと答案用紙が返却されるとき，いずれの場合も机の上を片付けさせて，落ち着いた雰囲気の中で行われるようにします。

34 テスト返却後の振り返りをする

模範解答を見て確認

T

模範解答を配ります。

Here is the answer key (for the test).

T

模範解答を見て間違いを赤ペンで直しなさい(全文を書き直しなさい)。

Please look at the answers on this sheet and correct your mistakes with your red pen. (Rewrite the questions you missed on your test in red.)

配点を確認

T

１番は各２点で，全部で 10 点です。

In Section 1, each question is worth 2 points for 10 points in total.

T

ピリオドやコンマがない，綴りミスといった少しのミスについてはいくつあっても１点減点です。

For slight mistakes, for example leaving out a period, a comma, or spelling errors, I will take off one point. It doesn't matter how many small mistakes there are.

採点・評価

T

採点や計算にミスがあれば持ってきて下さい。直します。
If there is a mistake in grading or calculation, please bring your paper to me. I'll correct it.

T

これは（みなさんの）成績に入ります。
This will be included in your grade(s).

感想を尋ねる

T

テストの結果はどうでしたか？
予想よりよかった人？予想と同じくらいだった人？
How were the results of the test?
Your score was higher than you expected. Raise your hand.
You did as well as you expected. Raise your hand.

テストの復習をして自分のものにする

T

自主学習ノートにテストの復習を２ページ以上やりましょう。
Please review for the test by writing more than two pages in your personal study notebook.

指導上の留意点

・テストの点数に一喜一憂するのではなく，きちんとやり直しをして学習内容を自分のものにしていくことが大切なのだと伝えています。自律的な学習へとつなげていきたいものです。

最初にスタートする列や発表者を決める

“I’ll go first!” “Volunteer!” という声が飛び交う教室であっても，どの列からあるいはどの座席からスタートするかをライムを口ずさみながら決めることもあります。数え歌やオニ決め歌，童謡などはいろいろなものが紹介されており，そうしたものを活用することもできると思います。これから行う活動に関連する既習のテキストを，チャンツのリズムにのせて言っていくこともできるでしょう。メロディをつけて歌いながら順番に生徒を指さしていく方法や，メロディーとともに手拍子をうちながら生徒達の中を歩いていく方法もあります。よく知られている歌の場合，そのリズムと音の響きの心地よさからか，何度か繰り返すうちに生徒も皆でいっしょに口ずさみ始めたことがありました。休み時間に歌っている場面を目にすることもあります。

長い間歌い継がれてきたもの以外に，ALT の先生と相談しながら作った以下のようなものを使用することもあります。

Let’s try,
Let’s try,
Don’t be shy.
Yes, I do.
Yes, I do.
I pick you!（“...you!” で止まった座席からスタート）

列や発表者を決める際にこうした方法を取り入れることも，教室内に英語を増やし，ことばとしての英語の楽しさを伝えることにつながるのではないかと思います。

理解から表現につながる
活動アイデア

Chapter
3

文法の指導 (Structure-centered)

言葉の学習には PRESENT—PRACTICE—USE（提示—練習—使用）というサイクルがあります。（図１）。Byrne（1986）は，口頭での流暢さという目的に至るためには，モデルを模倣したりキューに応答したりする段階から，自由にその言語を使用して自分の考えを表現することができる段階にまで生徒を導いていくことの必要性を述べています。即興性や継続性を伴う生徒の自由な発話をめざす際，そこへ至る段階が必要になると思います。生徒の発話の裁量度，自由度を徐々に高め導いていく工夫を体系化してくれるのが，文型練習であるといえます。そして，提示，練習に留まることなく使用（USE）の段階までつなげていくこと，教室内に使用（USE）を増やすことがとても大切です。言語使用（USE）の段階でその場面に必要であるが不足している言語材料が明らかになれば，そこでまた新しい必要な提示と練習をサイクルの中に組み入れることになり，サイクルが回っていくことを金田（1993）は伝えています（図１）。

新教材（ここでは新しい語彙や新しい構造）は，「実演教授，場面による指導，置き換え，対立などを複合的に利用」（飯野，1985:120）しながら定義文を示し，生徒の理解を徹底させます。教師の話す英語を聴いて「反射的にその構文と意味とを正しく判断するための練習を重ねること」は aural comprehension のドリルになると言われています（山家，1964:51 参照）。

また，練習については，英文の繰り返し練習を徹底し，“easy, smooth, oral production”（C. C. Fries, *ELEC Lectures*）ができることを目標に，リズムとテンポを大切にした練習を心がけています。生徒の Concentration（集中）と Participation（参加）を確保するために，クラス全体と個人の口頭作業を適切に組み合わせて変化を持たせています。斉唱では「大きな声で，そろって，早く」を意識させます。Concentration と Participation，「大きな声で，そろって，早く」といったモットーについては，音読や暗唱の際にも通じるものであり，山家（1964）及び山家保先生記念論集刊行員会（2005）を参照しています。教科書やノートは閉じて机の左端に置かせ，よい姿勢で口頭練習に取り組ませています。「ぼくは，英語を話したり聴いたりするには，元気が必要だということがわかった」「すごく勢いのある授業でとても楽しい」といった生徒の授業に対する感想からも，勢いのある口頭練習を元気よく行うことが，心地よさや充実感につながっていることが示唆されます。

こうして，少ない操作の負荷量で自動的に操作できる，すらすら言えるようになった表現を用いてリアルなコミュニケーションを行わせます。練習した事柄を実際に駆使し，創意工夫を生かしながら言語使用を行います。この言語運用の段階まで生徒を導いていくためにも，自由度を徐々に高めていくような充実した練習や活動が必要であるといえます。

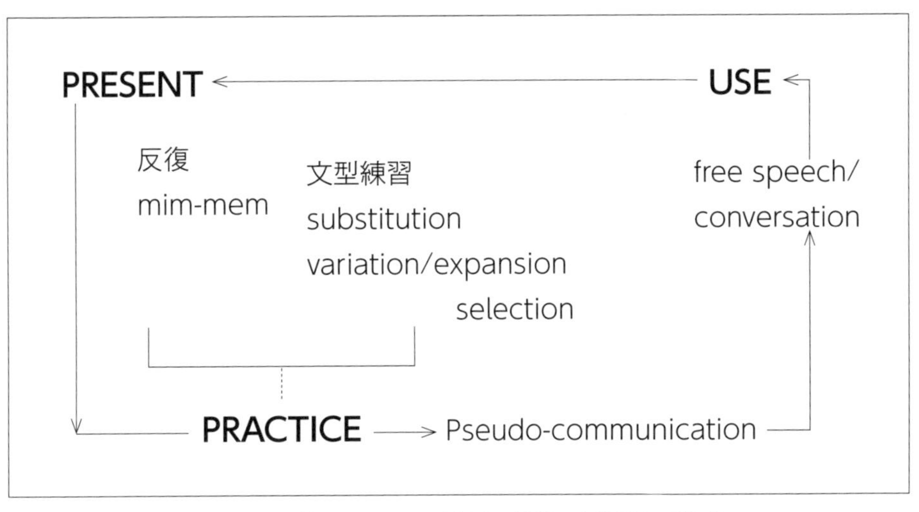

図１．提示ー練習ー使用サイクル（金田，1993）を参照して作成
※オーラル・アプローチの再考と実践は Matano（2011）もご参照下さい。

次頁以降，新しい文型文法事項の指導手順を詳細に述べていきます。

1 イラストを使って生徒の気持ちをグッとつかむ

適切な場面設定と既習事項からシンプルに口頭導入

新出事項の導入にふさわしい場面をつくり，絵や具体物（props），教師の動作や演示等も取り入れながら口頭で導入します。音声を通して聴覚像（acoustic image）をつくり，次に文字を通して視覚像（graphic image）をつくるといった順序となるように，まず口頭で導入します。語彙は既習の易しいものを使用し，修飾語句等も省いたできるだけシンプルな文で導入します。新出項目に生徒の気づきを焦点化させ，類推を容易にするためです。類例を多く聞かせて理解を深めさせる Aural drill となります。

come to school

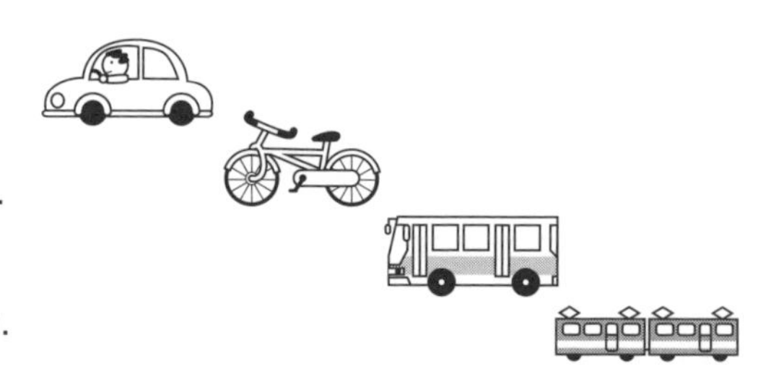

I come to school by car.
I come to school by bike.
I come to school by bus.
I come to school by train.

Do you see a pattern?
Did you notice something?
Anyone who noticed something, please raise your hand high.
（生徒の気づきを促し，理解度をチェックします）
Yes. After 'by,' you need a method of transportation.

提示方法に工夫をする

生徒が興味を持ち注目するように，提示方法に工夫をします。以下に提示方法の例を示します。

①一部を見せる
②少しずつ見せる（クリアーポケットに色画用紙と絵カードを重ねて入れておき，色画用紙を少しずつずらして絵が徐々に見えていくようにします）
③瞬間的に見せる
④ピクトグラムを見せる
⑤中身が見えないものを触る（例：巾着袋の中に手を入れて）
⑥中身が見かけの予想と違うものを見せる（例：着ぐるみを着ているぬいぐるみ，ネコ型懐中電灯）
⑦移動させる（前置詞の導入では物を絵の上で移動させます）
⑧変化はあるが何度も見せる（先の I come to school by car. という文でもいろいろな車の写真を次々に見せて繰り返しモデルを聴かせることもできます）

生徒の発話に対しては，認め励ますコメントを返します。

T：Look.
What's this?
Close! Nice try. Good guess.

事柄を精選し手際よく導入し，模倣暗唱活動につなげる

導入においては，重要事項を手際よく提示します。長時間続けることで倦怠感を抱かせることがないようにします。また，導入，理解度の確認の段階でとどまることなく，その後の模倣暗唱活動（Mim-mem）（次頁）につなげていく見通しを持つことが大切です。

2 ３つのステップでテンポよく繰り返す

基本的な手順

新出事項を導入し，それを理解させたら，教師のモデルに続いて全体でリピートします。Everyone. や Class. といった声かけと手で合図をして発話を促します。グループ，全体，列ごとに一人ずつ…と変化を持たせながらスピーディーにリピートさせます。２回繰り返すときのサインや列，クラス半分，全体のサインを決めておきます。個で確認して難しいところは必ず全体に戻して確認します。必要な場合は手拍子等，身体運動を伴った練習を行います。

山家（1964:53-54）を整理すると，Mim-mem は普通，次の３段階を経て行われます。

1．Full-choral single repetitions（全体で１回繰り返す）
　音調曲線，手拍子によるリズム等，強勢の位置を明示します。
2．Full-choral double repetitions（全体で２回繰り返す）
　モデルとともに指を２本示し，２回繰り返すサインとします。生徒が１回繰り返したら指を１本だけにし，もう１度繰り返させます。
3．Half-choral double repetitions
　クラスを左右の半分ずつまたは前後の半分ずつに分けて，２，３回 double repetitions を行います。まだ不確実な場合は，各列ごとに row practice を行います。

具体的な流れ

T　：Listen.（モデル）Class.（または Everyone. または All together.）

S　：（繰り返す）
T　：Again.（モデル）
S　：（繰り返す）
T　：（２回繰り返すサインとともにモデル）
S　：（２回繰り返す）…生徒の状況把握と記憶の促進のため
T　：（決められたグループに指示）例：This half.
SA：（２回繰り返す）
T　：Class.
S　：（繰り返す）

指示を出すための具体的なハンドジェスチャー（サイン）

T：I'll show you two fingers as a sign of double repetition, OK? Be sure to check the volume of your voice the second time you say it.

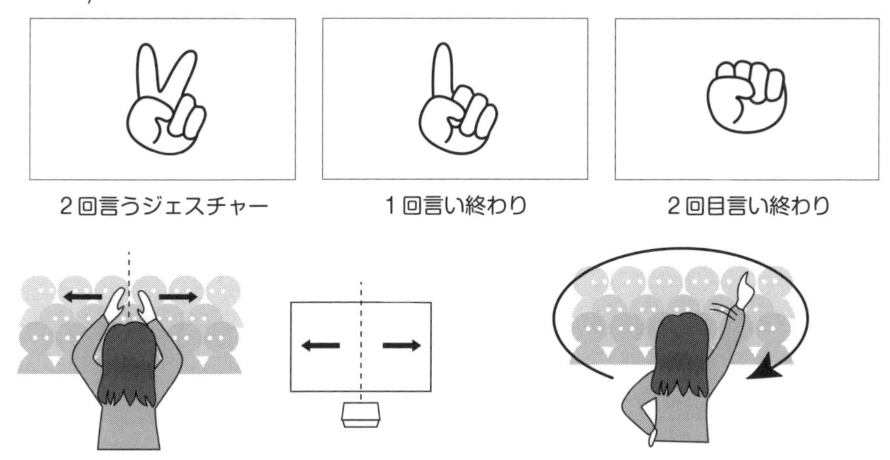

２回言うジェスチャー　　１回言い終わり　　２回目言い終わり

① This half.（片方の手は固定）　　② Class./Everyone./All together.

※ Mim-mem の具体的な流れと「２回言う」「１回言い終わり」「２回目言い終わり」「クラス半分」を示すジェスチャーについては名和・関（1987）から示唆を得ました。

3 ３種類の口頭練習でスピーディーに英文をつくり出す

変換（Variation）における３種類の口頭練習

変換（Variation）には，次の３種類の口頭練習があると言われています。

①**置換**（Substitution）

教師の与えるキューによって，「特定の語句を他の語句に置き換えて言わせるもの」（語学教育研究所編著：38）です。

例１　**T**：I come to school by car.　**S**：You come to school by car.
　　　T：I come to school by bike.　**S**：You come to school by bike.
　　　T：I come to school by bus.　**S**：You come to school by bus.

例２　**T**：I come to school by car.　**S**：I come to school by car.
　　　T：bike　**S**：I come to school by bike.
　　　T：bus　**S**：I come to school by bus.

②**展開**（Expansion）

「基本文に修飾句や修飾節を積み重ねさせていく練習」（飯野，1985:116）です。次頁の転換を加えたさらに負荷のある練習も可能です。

前置修飾構造の例

T：I have a bike.　**S**：I have a bike.
T：white　**S**：I have a white bike.

後置修飾構造の例

T：I come to school.　**S**：I come to school.
T：by bike　**S**：I come to school by bike.
T：every day　**S**：I come to school by bike every day.

③**転換**（Conversion）

「指示に従って，数・性・時制・文の種類等を転換するもの」（飯野，1985:115）です。名和・関（1987）によれば，この段階では疑問文を作らせてもそれに対する答えを求めたりはしないとされています。

置換（Substitution）をはさんで転換（Conversion）に入り，次のような一連の流れの中で練習することも行っています。

例　**T**：I come to school by car.　**S**：I come to school by car.
T：You　**S**：You come to school by car.
T：Question./Ask me.　**S**：Do you come to school by car?
T：Yes.　**S**：Yes, I do.
T：No.　**S**：No, I don't.

変換（Variation）における工夫と留意点

・キューを与える際に，言葉とともに何らかの合図を示すことも行っています。例えば，You. というキューで生徒の方を指し示す，主語と be 動詞の入れ替えでは Question. と言いながら親指と人差し指をひっくり返すといったものです。Ask me. と言いながら自分を指し示すこともあります。
・金田（2000）は，CARES-EFL を用いた分析結果から，オーラル・アプローチを標榜する当時の代表的な授業においても転換や選択練習（次頁）の実例を拾うことが困難であり，十分に選択練習までの具体化ができていなかったことを伝えています。置換（Substitution）練習にとどまることなく，転換（Conversion）へとつなげ，生徒が意識しなくなるレベルまで学習を進めると操作の負荷量が少なくて取り出すことができるとしています。
・次頁に選択（Selection）の練習と生徒対生徒の対話（Pupil-pupil dialogs）について整理しますが，山家（1964:33）は，Variation のドリルを経ずして生徒同士の questions and answers などの作業を行おうとすると，学習上の抵抗が増し，ドリルが円滑に行われないとしています。

4 場面を示して英語の問答を行う

選択（Selection）の具体例

変換（Variation）ではキューによって場面が変わっていきますが，選択（Selection）では場面が固定しています。場面に基づいた教師のキュー，それに対する生徒の応答を繰り返していきます（飯野，1985参照）。

T	S
T：Masao comes to school by bike.	**S**：Masao comes to school by bike.
T：Question.（S1）を指名	**S1**：Does Masao come to school by bike?
T：Class.	**S**：Does Masao comes to school by bike?
T：Who?（S2）を指名	**S2**：Who comes to school by bike?
T：Class.	**S**：Who comes to school by bike?
T：（S3）を指名	**S3**：Masao comes to school by bike.
T：Class.	**S**：Masao comes to school by bike.
T：How?（S4）を指名	**S4**：How does Masao come to school?

生徒対生徒の対話（Pupil-pupil dialogs）

「文型練習によって習得した文を取り上げて，それをより大きな文脈において用いるために構成された生徒同士の対話である」（垣田編，1981:156）と定義されています。「すでに学習したものを利用して，コミュニケーションの場面の中で実際に英語を話す」という点で，「生徒対生徒の対話は，教室における学習と日常生活における自由会話とを有機的につなぐという重要な役割を果たしている」（前掲書）といわれています。Fries（1961）は，問いに対してたった１つの文で答えないように励ますことや，言語が用いられている社会的な場面に注意を集中するよう努力すべきであると述べています。

文型練習全体の工夫と留意点

・山家（1964）によれば，文型練習は明確な場面に基づいて行われることが絶対に必要であり，場面の中で行われてはじめて，生徒の発言が正しいか正しくないかが，日本語の訳を用いなくともそれぞれの場面に照らして直ちに明らかになります。また，生徒を指名する場合は，Concentration と participation を確保するために決して順番にあてないこととしています。
・文型練習はいわゆる口頭英作文になってはならないといわれています。このためには，生徒があるセンテンスを言って，その聴覚心象（acoustic image）が生徒の脳裡にはっきりと刻み込まれている間につぎのキューを与えて，つぎの文を言わせるのです（山家（1964:34）参照）。
・Lado（1964）によれば，文型練習はスピーディーな口頭のドリルであり，生徒は各キューの後で，通常の会話のスピードで文を発話します。1クラスで1分間に 20～30 の異なった文を発話するペースなので，50 分授業では 1000～1500 のレシテーションを行うことになります。
・Fries and Fries（1961）は，対話という文脈の中で生きた英語を生徒が練習できるような時間を可能な限り多く持つことが大切であることを述べており，教材の提示後は，その授業時間の教師の話す時間は全時間の7分の1以上を占めるべきではないとしています。現実の文脈を持たない文の単なる機械的な操作活動では，構造は言語使用のレベルでマスターされることがないことも指摘しています。学習者の練習の機会がオーラル・アプローチのレッスン計画のコアであることを Norris（1989）が伝えています。
・Variation のみならず，Selection まで移行させることは語学教育研究所編（1992）でも述べられており，ドリルから free conversation への橋渡しとして重要性が指摘されています。これを十分に練習することによって，場面や文脈のある言語活動が行えることになるといわれています。

5 リアルなコミュニケーションを行う（ALT・JTE・生徒同士）

ALT と生徒を話し手・聞き手にする仕組みをつくる

繰り返し練習することによって少ない操作の負荷量で自動的に操作できるようになった生徒達は，その言語を使用して自分の考えを表現することができるところにまで導かれた段階にあります。

ALT 来校時に，提示（Presentation），練習（Practice）を経てすらすら言えるようになった表現（例えば Do you...? という表現）を用いて ALT に質問することができれば，教科書中の場面設定と現実の場面を結びつけてリアルなコミュニケーションとすることが可能です。ALT は英語の言語環境そのものであり，ALT と生徒を話し手・聞き手（JTE はモデレーター）にする仕組みを考案することで「使用（USE）」は教室内にいくらでも創出することができることを金田（1993）は指摘しています。ALT とのやりとりを通して，これまでの学びの蓄積をネイティブを前に使ってみる楽しみを作り出すとともに，そこでその場面に必要であるが不足している言語材料が明らかになれば，次なる学習のサイクルがここで始まるとされています。（もちろん提示や練習の場面で ALT を活用することも有益なことです）

教室英語を教室内における談話（ディスコース）ととらえて教師と生徒あるいは生徒同士の相互交流を充実させる

教室英語は教師と生徒が教室という具体的な状況（場面）で行う本当の意味でのコミュニケーションであるといえます。生徒が教師の指示に対して日本語を介さずに理解し，反応することができていれば，そこには英語によるコミュニケーションが成立しています。指示だけではなく，依頼する（Requesting），許可を与える（Giving permission），ほめる（Complimenting），感謝する（Thanking），あいさつする（Greeting someone），同意する（Agreeing）…といった多様な言語機能（function）を果たすことができます。（言語機能についてはBlundell, et al（1982）等が参考になります）生徒による教室英語も指導し，使用を促すことにより，まさにclassroom conversation in English（西村，1936）と称される教師と生徒の間に交換される会話が生まれることになります（西村（1936）『教室英語』については垣田編（1981:94）に取り上げられています）。教師と生徒，あるいは生徒同士の相互交流（インタラクション）は教室内における談話（ディスコース）ととらえることもできると思います。教室内にできるだけ自然談話に近い出力が得られるような授業をつくっていきたいとつねに考えています。

適切性（Appropriateness）を視野に入れて授業を行う

教師が必要な場面の中で使用する英語に対して生徒は慣れ親しみ，そこに言語習得がおこることも十分考えられます。ALTの先生に教えていただいた言葉に“Garbage in, garbage out.”があります。だからこそ教師の話す英語は生徒へのインプットとしてとても大切なのだと言われていました。生徒の適切な言語使用（USE）を促すためにも，教師自らが適切な英語を使用し，教室英語を充実させていきたいものです。

以上，文型文法事項の提示，練習，使用といったStructure-centeredなものについて基本的な手順や留意点，使用表現等を見てきましたが，次頁からは，教科書本文を扱うStory-centeredなものについて，指導プロセスの順番にしたがって見ていきたいと思います。

なお，今回，例として使用したテキストは，東京書籍NEW HORIZON中学1年（平成24年度版）Let’s Read *Over the Horizon* です。

読解の指導（Story-centered）

Warm-up……Preparatory Stage（ウォーム・アップ）

Pre-reading Activities……Previewing Stage（読解前の活動）
- Oral Interaction (Part1)
- Oral Interaction (From Review of Part 1 Through Part2)
- New Word Check

Intra-reading Activities……Comprehension Stage（読解の活動）
- Model Reading Ⅰ
- Silent Reading (Task Reading) with a Reading Guide
- Answer Sharing (S—S)
- Answer Check (T—S)
- Integration of Understanding

Post-reading Activities……Production Stage（読解後の活動）
- New Words (Flashcards)
- Model Reading Ⅱ
- Oral Reading
- Story Retelling (Presentation)
- Discussion
- Writing (+Drawing)
- Review (Game)

先行研究に基づき，教科書本文を扱う際の指導の基本的な流れや項目を整理してみたものが左頁の手順（又野（2017）に基づく）です。個別の指導技術や方法を，指導プロセス全体の枠組の中で関連付けて考えるために整理してみました。ウォーム・アップから読解後の活動まで一貫性があり，４技能統合を意識したインプットからアウトプットへつながる授業の枠組です。例えば，プレゼンテーションにおいて生徒が活用する板書は，オーラル・イントロダクション（インタラクション）で教師が使用した板書と連動させています。また，ウォーム・アップで取り上げた語彙を読解後にも再度取り上げて内容の振り返りも行うなど，活動と内容に一貫性を持たせています。

ウォーム・アップ後は，生徒の興味を引き理解を助ける絵や写真等も示しながら本文内容に導きます。黙読の際のリーディング・タスクは「生徒の主体的な参加を促し，生徒の理解を可視化できるもの，そして読み取った内容の確認を英語で行うことを可能にするもの」（又野，2017）が一つの方法として有益です。内容理解後の音読では，まず一文ずつ同じ文を少しずつスピードを速めながら５，６回から10回程度生徒に文を見ながら斉読させます。次に全体を通して一文ずつの斉読を２回程度行い，全体の流れや文脈を把握させます。「音読を徹底させることは，それから先の発展的学習，つまり言語活動の基礎を作ること」（名和・関，1987:131）でもあり，暗唱につなげたいものです。Consolidation（整理）の段階として，生徒に教科書を閉じさせて，教師が本文を一文読むごとに single repetition の要領で言わせ，その後同様に double repetitions，さらに時間があれば mim-mem のときには使わなかった full-choral triple repetitions を１回ずつ実施することが山家保先生記念論集刊行委員会編（2005）に紹介されています。暗唱後はプレゼンテーション，ディスカッションといった活動を十分行った後で，書いてまとめる学習を行います。丁寧で美しい文字で書かせるようにしています。本文のテーマに沿った具体物（例えば，「地球はひとつ」というメッセージが込められた教材であれば，大きな地球儀）を持参することも，リーディングやディスカッションの雰囲気づくりに役立ちます。それでは，次頁以降をご覧下さい。

6 リズムにのって関連語句を楽しく覚える

チャンツのリズムを活用して内容に関連がある語彙を導きテキストにつなげる

読解前のウォーム・アップの方法や内容にはさまざまなものが考えられますが，一つの方法として，テキストに関連がある（あるいは自然に本文のオーラル・イントロダクションに導いていくことができる）ような語彙を取り出して，チャンツのリズムに合わせて練習することが提案できます。

例えば，次のような文がテキストに出てくるとします。

On the Earth, people live in many different countries—China, Russia, America, Canada, and so on. But I can't see any borders.

黒板にさまざまな国の国旗の写真を貼っておき，次頁のような対話をしながら国名を導入，練習します。最初は教師のモデルに続いて繰り返しますが，次は教師と生徒が交互に言う，その次は生徒のみで言う，というように変化を持たせて練習します。そして，最後はチャンツのリズムにのって練習します。その際に，生徒の出だしがそろうように，教師が手と声で合図を出しながら進めていきます。チャンツは，２回目は速さを変えることにより繰り返しに変化を持たせ，生徒が活動に集中して取り組むことができるようにします。Faster! と言うときは，ジェスチャーもいっしょに示します。陰山・藤井（2006）付録のチャンツ CD-1#56 と #57 は，ゆっくりのリズム（#56）と速いリズム（#57）を用いて練習できるので，さまざまな言語材料に用いることができます。

教室内の実際のインタラクション

T：Let's do the warm-up activity. Look at these flags. What country is this?（＿＿部を変えることによりストーリーに合わせて多様な内容のリズム練習が可能です）

S：China.

T：What country is this?

S：Russia.

T：What country is this?

S：America.

T：What country is this?

S：Canada.

（以下同様に Japan, Korea, Australia, Italy, Egypt, Singapore, Thailand を導入）

T：Let's practice alternately. I will say the first one. You will say the second one. I will say the third one. You will say the fourth one.

T：China.

S：Russia....（以下同様に教師と生徒が交互に言う）

T：Can you say them by yourselves?
Please say the names of the countries by yourselves.
（国旗の写真を一つずつ指し示していく）

S：China. Russia. America. Canada. Japan. Korea. Australia. Italy. Egypt. Singapore. Thailand.

T：Let's practice with music.

S：（リズムにのって練習する）

T：Faster!（ジェスチャー）

7 やさしい英語であらすじを紹介する

既習のやさしい英語を用いて，内容のあらすじを導入し，語句も発話する

教材文の内容を既習の文型，文法，語の範囲でやさしく言い換えて教師が提示します（オーラル・イントロダクション）。あるいは，教師と生徒の間でインタラクションを図りながら，教材文の内容を再構築していきます（オーラル・インタラクション）。このときに，教師の発話が生徒にとって理解可能なインプットとなる工夫として，先にお話したMERRIER Approachが有効です。新出語句や構文はパラフレーズしたり，絵や写真，ジェスチャー等で意味を推測させるようにします。抽象的な内容は具体例をあげながら，繰り返し話して聞かせましょう。周到な準備が必要ですが，生徒の表情を見て理解度を確認しながら言語的修正を行うことも必要になります。

黒板に貼ったピクチャーカードの横に，口頭で導入したキーワードや新出語句が書かれたワードカードを貼っていきます。生徒はそれを見ながら教師のモデルに続いてリピートします。必要に応じて，文字や文字群と音の連関規則を示しながらその語を板書することもあります（例えば，m → moo → moon と板書しながら文字群ごとに発話を促します）。全体で発音させた後は，個別にも指名して発音を確認します。「モデル→列ごと→全体→最後にもう１人」という順番で行うと，授業全体がひきしまり，集中力も持続します。個で確認して難しかった箇所は，再度全体でも繰り返し確認します。口頭導入後は，So now we are going to read the story but before that let's review the words or phrases one more time と言って，黒板に貼られたワードカードを再度最初から通して発音させます。

教室内の実際のインタラクション

T：（ウォーム・アップで活用した国旗の写真を示して）There are many different countries on the Earth. Look at this map.（国境が入っている白地図を示す）What are these (lines)?

S：They're borders.

T：Yes. borders (s).

S：Borders（全体→列ごと→全体→最後にもう１人）

T：They're borders. They divide countries. But borders are made by people. Can you see the（または any）borders from space?

S：No, we can't.

T：（地域の輪郭だけで国境が入っていない白地図を重ねる）Right, we can't.

T：We can't see any borders from space. Look at this picture.（女の子が月から地球をながめている絵）Let's guess the story from this picture.
Who's this? It's a girl. Because it's a fictional story, you can see birds in space, people sitting on the Earth, and the girl on the moon isn't wearing a space suit. This is a fantasy monolog that develops from the view of the Earth from the moon. The goal of today's class is to understand and think about what's written on page 116. Look at this picture. This is from the book, but this is a real picture.（月の写真）What's this?

S：It's the moon.

T：Yes. the moon. You should put 'the' before 'sun' and 'moon'.

S：The moon.（全体→列ごと→全体→最後にもう１人）

8 Q＆A形式で生徒と一緒に前時を復習する

前時の復習から入り，新しいパートの内容の導入につなげる

例えば2ページから成るストーリーの前半部分を前時に扱っており，本時は後半部分に入るとします。その際は，いきなり後半部分から入るのではなく，前時に提示したピクチャーカードとワードカードを再度示しながら，前半部分の内容について生徒と Q ＆ A を展開していきます。生徒から引き出した答えをまとめながらストーリーを振り返る場とします。教師の発問を待たずとも，ピクチャーカードを示しただけでその絵を描写するキーワードや文を生徒自ら発話することも期待されます。これらにより，学習内容のレディネスが整い，新しいパートの内容へスムーズにつなげることができます。

復習の後，We are going to continue reading the story today. We are mainly doing the second half of the story. と発話し，新しいパートにつなげていきましょう。なお，ストーリーが3パート，4パート…と分かれているときは次のように言うことができます。

We are mainly doing the third part of the story.（3パート目の学習）
We are mainly doing the fourth part of the story.（4パート目の学習）
We are mainly doing the last part of the story.（最終パートの学習）

教室内の実際のインタラクション

T：OK. Let's review our last lesson.
S：Yes!［前半部分の Q and A］
T：We are going to continue reading the story today. We are

mainly doing the second half of the story. The goal of today's class is to understand and think about the message on both pages. [めあてを告げ，新しいパートの内容の口頭導入へ]
Look! What country is this?（日本地図）

S：Japan.

T：Yes. Where's Japan? Look! What's this?（雲の切抜き１つ）

S：It's a cloud.

T：Yes. It's a cloud. It's behind the clouds.（雲の切抜き１つ）One cloud.

S：One cloud.

T：（雲の切抜き２つ）Two clouds.

S：Two clouds.

T：behind the clouds（日本地図を雲の切抜き２つで覆う）
On the Earth, people live in many different countries — China, Russia, America, Canada, and so on. But we can't see any borders from space. The Earth looks like one peaceful planet.（地域の輪郭だけで国境が入っていない白地図）Look at this picture.（太陽系の図）This shows the solar system. This is the Earth. Is the Earth a planet? How about the moon? Is the moon a planet? No, it's not. The moon is not a planet. What's the meaning of the word 'planet'? Are these planets? Yes, they are. They're planets. They move around the sun.

□部分はリピート（全体→列ごと→全体→最後にもう１人）

なお，基礎的なディコーディングが完成した段階では，生徒自身に概要をつかませたり（Skimming），短めの文章等で主要パラグラフの第１文を読んで話の流れをつかませたり（Sampling），ある情報を探させたり（Scanning）することも可能です。教材のレベルや生徒のレディネスに配慮して進めることが大切です。

9 教師の読みで音とテキストをつなげる

口頭導入した部分の情報を文字と結びつける

以上のような形で教材文の内容と語句を導入した後，教科書を開かせます。そして，オーラル・イントロダクション（インタラクション）で導入した部分を読んで聞かせます。生徒はこの段階で，口頭導入で得た内容を文字と結びつけることになります。音から文字への橋渡しの場面ですので，意味の区切りごとにポーズをとりながら比較的ゆっくり読んでいき，生徒の内容理解を助けるようにします。全体の感じをとらえさせることをねらいとするのであれば，ナチュラルスピードで読むこともあります。生徒が興味を持ち理解を促進させるためにも，適切に感情を込めて読むようにしましょう。この時点ではまだ生徒の内容理解は完全なものではないため，生徒にリピートさせることはしないとされています（語学教育研究所編（1992:22-25）参照）。

このとき，生徒は一行ごとに定規で押さえて，今先生はどこの文を読んでいるのか目で追わせていきます。「モデルを聞きながら読む」（reading-while-listening）ことになるので，自分で読む場合と異なり，モデルの音声についてテキストを追いかけるのは難しくなります。その際，定規であれば一行全部を押さえて，行単位でずらしていけるので生徒にとって音とテキストを一致させるのが容易になります。また，音とテキストを一致させるという目的と同時に，生徒がモデルを聞きながら読んでいることを教師が目で見える形で確認できる，生徒に集中させるための手立てとすることができるという効果もあるのではないかと思っています。

（参考までに，自分で黙読をする際であれば，この定規あて読みと併用して，自分の読みに合わせてテキストに指を走らせる指差し読みを行うこともできます。指は，意味の区切りごとに，いつも左から右へ動かし，戻り読みを防ぐようにさせます。）

※定規で押さえる読み方と指差し読みの方法を取り入れることについては名和・関（1987）に示唆を得ました。

教室内の実際のインタラクション

［モデルを聴きながら読む場合のテキストの追いかけかた］

T：OK. Open your textbooks to page ○○.
Listen.
Take out your ruler. Read using a ruler as a guide (while listening).

S：Yes, ma'am.

I'm standing on the moon. It's cold and quiet here. I see so many stars all around. What a view!

［参考：自分で黙読をする場合のテキストの追いかけ方］

T：Trace the text with your finger as you read (while listening).

S：Yes, ma'am.

I'm standing on the moon. It's cold and quiet here. I see so many stars all around. What a view!

10 リーディング・タスクを作成する

リーディング・タスクにより生徒の読みを導く

ここで，生徒はオーラル・イントロダクション（インタラクション）で導入されたものを拠り所に，本文の内容を自分の力で主体的に読み取っていくことになります（Active reading)。「英文と英文のつながりや段落と段落の関係性を図式化して考える習慣」（卯城編著，2011:66）をつけるために，グラフィックオーガナイザー（例えば，ベン図やタイムライン，チェーン・オブ・イベント等（Fry and Kress（2006:33-337）参照））が用いられることがあります。英語で読み，日本語を介さずとも読み取った内容を図や表などにより視覚的に表現し，まとめることは，英語でリーディング授業を展開する上でたいへん有効であると思われます。しかし，英文の種類によって，活用しやすいグラフィックオーガナイザーは異なるため，教科書の本文をつねにいずれかのタイプのグラフィックオーガナイザーでまとめることができるとは限りません。そうした場合は，道しるべ質問（signpost question）や読みながら与える発問（reading guide, text-inserted questions）によって，それにしたがって読めば自然に読みが導かれ深まるような設問を工夫することも考えられます。パッセージの横の欄に設問を用意することもありますが，筆者は金谷・谷口編，薬袋著（1993）から示唆を得て，次頁のようなワークシートを作成しました。教科書中のどの本文においても準備が可能であり，作業を伴うので本文が初見でない生徒（通塾生等）もその英文に取り組む機会を確保できると思います。シート作成の際に，コンプリヘンション・アプローチの手法を取り入れたり，しるしをつける語数（例えば three words）も添える等，生徒にとって取り組みやすい工夫を加えました。

リーディング・タスクの例

[1] Each section has some questions, so read the sections and answer them. When you are finished, put a check mark (✓) next to the questions.

> Where's Japan? Maybe behind the clouds. On the Earth, people live in many different countries—China, Russia, America, Canada, and so on. But I can't see any borders. The Earth looks like one peaceful planet.

(a) (　　) Where's Japan? Underline the answer. (three words)
日本はどこでしょうか。答えの部分（３語）にアンダーラインをひきましょう。

(b) (　　) What are some countries people live in ? Number each one from 1 to 4. 人々が暮らしている国の例が４つあげられています。それらの国名に１，２，３，４と番号をうちましょう。

(c) (　　) What can't the girl see? Circle the answer.
少女は何が見えないと言っていますか。答え（１語）を○で囲みましょう。

(d) (　　) What does the Earth look like? Double underline the answer. (three words) 地球は何のように見えると言っていますか。答えの部分（３語）に二重線をひきましょう。

上記の(a)〜(d)に掲げたリーディングガイドは，テキストによって多様な問いが考えられます。以下のような☆や☺マークを入れる指示も楽しいです。

例１．Draw stars on top of the answers. (two words)

例２．Draw a smiley face under the answer. (two words)

11 リーディング・タスクを使って指導する

リーディング・タスクに取り組んだ後のワークシートの様子

> Where's Japan? Maybe behind the clouds. On the Earth, people live in many different countries—China[1], Russia[2], America[3], Canada[4], and so on. But I can't see any (borders.) The Earth looks like one peaceful planet.

前頁で掲げたリーディング・タスクに対して，リーディング・ガイドにしたがって読みを進めていくと，最終的に上記のような形になります。コンプリヘンション・アプローチの手法を取り入れたタスクが，生徒の読みを可視化することにもつながります。

生徒は，答え合わせのときにも，自分がつけたしるしの部分に目を向けることで，先生の問いに対する答えを早く見つけることにつながります。

教室内の実際のインタラクション（リーディング・タスクの配付から説明，残り時間の確認，答えの確認に入るまで）

T：[これからテキストを読む作業を行うことを伝えてリーディング・タスクを配付する]

So now we are going to read the story you just heard（または listened to）. Here is a handout, Please take one, and pass it back.（または Please take one, and pass the others back.）Are there enough handouts? Write your class, student number, and name in the upper right-hand corner.

［リーディング・タスクの取り組み方を説明する］

Each section has some questions, so read the sections and answer them. When you are finished, put a check mark next to the questions. Read the text while marking. Read the text while marking as directed.（または Read the text while marking as asked.）I mean read this section while marking underlines (____), double underlines (____), circles (○), and so on.

［早く終了した生徒への指示を出しておく］

When you are finished (with)（または When you finish）answering questions (a), (b), and (c), you can continue through（または keep going on through または move on through）question (h).

When you are finished（または When you finish）question (h), put your pencils down. Keep quiet until everyone is done.

When you finish question (h), you can continue to think about section [2] (number two).

［残り時間を確認する］

I will give you（または You have）one minute to complete this worksheet (exercise). (You have) thirty more seconds (left).（または Who is not finished up to question (h)? Who needs more time? How many more minutes do you need? One minute? Two minutes?）

S：One minute.

T：OK. **［残り時間を告げ，読み取った内容の確認に入ることを伝える］**

T：It seems everyone is finished, let's check our answers.

12 読み取り内容をペア・クラスでシェアする

リーディング・タスクを通して読み取った内容を確認する（ペア→全体）

リーディング・タスクに取り組んだ後は，答えの確認をしていきます。その際に，まずペアで確認した後に全体で確認していきます。ペア，グループ，クラス全体と順次広げていくことで，生徒が学び合い，自信を深めていくことにもつながります。聞き手の人数に応じて適切な声等も調節することを学ぶ機会にもなります。クラス全体で答えの確認をする際には，教師は，例えば Question (a). と言ってワークシート中の(a)の問いを英語で言います。生徒は Question (a). というアナウンスで，Question (a) で自分がつけたしるしの部分を探し，その箇所を英語で言うことができます。発話することに対して負荷が高いと感じている生徒にとっても，答えが見つけやすく，教師の英語による内容確認に対して生徒が英語で答えていく授業を可能にします。

教室内の実際のインタラクション(Answer sharing (S—S))

T：Share your answer with your neighbor (partner). Let's check your answers in pairs. First stand up, compare, and then sit down when you are finished.

S：OK. (Share answers)

教室内の実際のインタラクション(Answer check (T—S))

T：OK. Let's take out your red pens and check your answers. If the answer is correct, circle it. If it's incorrect, mark it and correct it. Question (a). ________________________?
Any volunteers to answer the question? Who knows the answer? Does anyone know the answer?

S1：Volunteer!
I know! → (Stands up.)
The answer is ____. Is this right (correct)?
→他の生徒達：・Yes, it is.
・No, it's not. The answer is ____.
または The answer is ____. What do you think?
→他の生徒達：・I think so, too.
・I don't think so.

T：Raise your hand if you agree.
Is there anyone who can give us another answer?

T：**[個別の注意が必要である場合]** When you are called, say "Yes" and stand up. Speak louder, please. Say that twice as loud. Speak up so that everyone can hear you.

T：**[リーディング・タスクの答えを発表により確認した後はクラス全体でも発話して確認]**
Please answer in chorus.（または Please answer at the same time.）（または Please answer all together.）

13 生徒が自分の意見を持って テキストの理解を深める

内容を概括し，自己関連性の視点を持ちながらテキスト内容を考える

テキストを読んで大切なことは，ポイントや情報を読み取っていくことにとどまらず，テキストの要点，結局伝えたいことは何なのかをとらえたり，自分の意見を持ちながら読み進めたり，自分との関わりでテキスト内容を考えていくことであると考えます。そこで，例えば，要点をとらえる，代わりのタイトルを考える，好きな文を取り出す，全体的な感想を書くといったタスクの設定が考えられます。以下に掲げる Generalization や Personal Involvement といった発問の種類名は卯城編著（2011）から示唆を得ました。

リーディング・タスクの例
[1] [2]は Generalization，[3] [4]は Personal Involvement の例）

[1]What's the main idea of the story on p.117?
p.117 に書いてある内容の要点をまとめると次のどれになるでしょう。
(A) The girl can't see Japan from the moon.
(B) People live in many different countries on the Earth.
(C) The girl is trying to find China, Russia,America, and Canada from the moon.
(D) Let's take care of our only home, the Earth, and live together.

[2]The title of this story is *Over the Horizon*, but what would be another good title for this story?
このストーリーのタイトルは *Over the Horizon*（地平線のかなたに）ですが，もし他にタイトルをつけなら次のどのタイトルが良いでしょう。
(A) Japan and the Earth
(B) Orion and the Big Dipper
(C) Many Different Countries
(D) Our Only Home (the Earth)

[3]Which is your favorite sentence in this story (pp.116-117)? Find one and explain why.
　このストーリーの中で，あなたの一番好きな文はどれですか。下に書きましょう。

My favorite sentence in this story is
____
____
____
[理由]
____
____

[4]Write down your opinion of the whole story.
　このストーリーを読んだ全体的な感想を書きなさい。

14 課題の指導を通じて理解の深まりを確認する

リーディング・タスク［1］の指導

T：Lastly let's think about the main idea of this passage.

S：OK.

T：Look at [1] (section 1) at the bottom of the sheet (on the right-hand side/on this side/on this half/on this page/on the right half of this page).（または Please look at the top half of the right page.）What's the main idea of the story on page 117?　All of these are correct, but only one gives the full image of this story on page 117.

リーディング・タスク［2］の指導

T：OK.　Let's move on to section two.

S：OK.

T：We have read through two pages of this fantasy story (pages 116 and 117).　Now let's think about the title of this story.　The title of this story is *Over the Horizon*, but what would be another good title for this story?

リーディング・タスク［3］の指導

T：Next, let's move on to section three.

S：OK.

T：Which is your favorite sentence in this story (pp. 116-117)? Find one and explain why. When you are looking for it, pay more attention to page 117, but you can choose from any page.
Try to explain the reason in English, but if it's difficult, you can use Japanese. You can write the reason in Japanese, but try to write it in English. You can write more detail in Japanese if you need to, but try to write the main reason in English. You can use the example.（ここでいくつか表現例を示します。メインの理由については，既習の英語を用いて表現することを促します。より深い考えについては日本語を添えてもよいこととし，学年が上がるにしたがって，自分の思いが理由も含めて多様に英語で表現できるように少しずつ言語習得を支援するような授業を積み重ねていくことが大切だと思います）

リーディング・タスク［4］の指導

T：OK. Let's move on to section four.

S：OK.

T：Write down your opinion of the whole story. I will read your papers. We will share our opinions with each other another time.（回を改めて意見交換をすることを伝えます。ワークシートは集めて，教師が個々の生徒のテキストに対する考えを事前に読んでおくことにより，後の意見交換の際にお互いの意見を上手につないでいくこともできます）

15 フラッシュカードを効果的に活用する

リーディングへの橋渡しとして，音と文字を結びつけ，文字をスピーディーに読めるようにする

フラッシュカードとは「単語または句をカードに書いたもので，瞬間的に提示して学習者に読みとらせる時に使う」（垣田編，1981:298）視覚教具です。音声として十分な練習をした後で使用し，「瞬間的に見せてそれを読みとらせる」（飯野，1985:197）ことにより，音と文字を結びつける手立てとします。したがって，カードは必ずフラッシュさせて瞬間的に提示するようにします。その際，最初はゆっくり，そして徐々に速めて最終的にはかなりのスピードで読ませていくようにします。定着度を確かめるために，全体で練習した後，個別にも読ませます。私は，The students in this line. と言って列ごとに前から後ろにスピード感を持って読ませています。ここでも，個で確認して難しかった箇所は，再度全体でも練習する機会を設け，定着度を高めるとともに，集中力がとぎれることのないようにします。

フラッシュさせる方法

⑴ゆっくり一つずつ確認していく場合（まずは一つずつ確認）

カードを１枚両手で持ち，生徒がカードをよく見える位置に掲げます。生徒が英語で読んでいる間にカードを回転させ，裏に書かれた日本語の意味を瞬間的に見せ（生徒は英語を言いながら日本語の意味も見る），生徒が言い終わるときには英語の面に戻します（右頁の左図参照）。

⑵かなりのスピードで読ませる場合

カードの束を両手で持ちます。このときは，あまり頭上に高くかざすとスピーディーにめくることが難しくなるため，「胸よりやや高いところ」（語学教育研究所，1992:213）に構えます。カードのめくり方にはいろいろな方法が紹介されていますが，私の場合は，身体を黒板が右に来るように横に向け，顔は生徒の方を向いて，左の親指で一番上のカードを上に押し上げながら右手でそのカードを後ろに回していき（それを次のカードも繰り返す），トランプのように「瞬間的露出を連続的に」（飯野，1985:197）行っています（下の右図参照）。スピードを増すにつれて，生徒も集中してチャレンジ精神をもってどんどん大きい声で読んでいきます。ただし，ここに来るまでに十分な口頭練習を積んでスローラーナーにも寄り添ったスモールステップの指導を積み重ねることが大切です。

一つずつ確認　　スピーディーに

教室内の実際のインタラクション

T：OK. Let's read the passage aloud. Before that let's look at（または take a look at）these flash cards. Pronounce each word on the flash cards quickly one after the other. The students in this line. Starting from the front, read one word each.（例えば廊下側から１人ずつ読ませていく。クラスの半分が読み終わったところで今度は窓側半分の生徒に日本語を見て英語を言わせていく）Now I'll show you the Japanese side of this card. What's the English word for it?

16 教師の読みで黙読と音読を橋渡しする

生徒が文字を音声化し，内容理解を深めることを助ける

生徒が教師の範読を聞いて，「文字から音を再生できるようにする」（語学教育研究所編，1992:24）ためのものであり，名和・関（1987）によれば，標準的には３回行うとされています（範読のやり方とねらいについては名和・関（1987:126-28）及び語学教育研究所編（1992:22-25）を参照しました）。

１回目は主として，意味の区切り，文強勢，イントネーションなどの音声面から内容理解へせまります。区切り斜線（／）やストレス，イントネーション，音の連結については連結記号（‿）を使わせるといった作業を生徒といっしょに１文ずつ進めていきます。そして，意味のまとまりごと，または１文ずつ読んで聞かせます。

２回目は，人称代名詞，指示代名詞，指示形容詞，指示副詞，必要に応じて特定の語句や文の意味の確認を行いながら読み進めます。教師の一方的な説明ではなく，生徒に考えさせ答えを導き出させるような生徒中心の活動となるようにします。このときにも教師と生徒のインタラクションが図られることになります。

３回目はナチュラルスピードで全体を通して読んで聞かせます。このときに CD を流すこともあります。

教室内の実際のインタラクション

T：（意味のまとまり，息の切れ目に注意しながら，比較的ゆっくり読んでいく）

S：（範読を聞きながら，教師が止まったところに区切り斜線（/）を入れていく）

T：OK. Let's check your answers.
Please clap your hands where you put a slash.（再度テキストを読む）

S：（範読を聞きながら，区切り斜線（/）を引いた箇所で全員で手をたたく）

T：Yes. You should stop before（あるいは after）_____.（下線部に区切り斜線（/）を引いた箇所の次（あるいは前）の単語が入る）
（まわりの生徒につられてただ手をたたくだけの生徒が出ないように，きちんと取り組めているか作業段階での個別の確認や支援が必要です）

T：（上昇調）Your voice should go up at the end.（手のひらを上に向けて次第に腕を上げるイントネーションのカーブのジェスチャーとともに）
（下降調）Your voice should go down at the end.（手のひらを下に向けて次第に腕を下げるイントネーションのカーブのジェスチャーとともに）
（注意すべきストレス）Put the stress here.（言いながら強勢が置かれた箇所を示し，強く読む箇所に合わせて机や黒板を手でタップする）

「教師と同期して身体を動かす」子ども達の姿が，萬谷他編著（2011:120）に示されていますが，上に述べたような教師のジェスチャーに関しても，教師の動きをまねていっしょに手を上げる，手を下げる，自分の机をタップする等，発話とジェスチャーをセットにして楽しんでいる生徒の姿が見受けられます。

17 スモールステップで生徒を暗唱に導く

音読指導により文字・意味・音声の融合を図る

内容を理解し，範読を聞いた後，音読に入ります。音読の方法もさまざまなものが紹介されていますが，手順としては以下のような手順をとって指導しています。

⑴教師の後について１文ずつコーラスで反復練習

チャンクに区切って，次第に１文を読めるようにします。必要に応じて，Backward build-up technique（または Back-up technique）（逆積み上げ法*により一番後ろのチャンクから繰り返し，次第に前のチャンクを加えて反復することにより，末尾も自信を持って言うことができるようにします。（*名和・関（1987:120）参照）

⑵教師の後についてテキスト全体を音読する

テキスト全体を音読することにより，全体の流れや文脈の把握を促します（１，２回）。

⑶自分のペースでバズ・リーディング

立って３回読んで座る，小グループ内で一緒に読んだり順番に読んだりする，時間を決めて読むといった動きを取り入れることにより，学習の姿勢が変わり集中力が高まります。

⑷個人読み

自発的な発表も促したり励ましたりしますが，抽出的にチェックして個々の生徒の読みを確認することも必要です。個人に読ませて難しい箇所は，全体でも再度確認，練習をします。

⑸生徒達だけで声をそろえてテキスト全体を音読

生徒が声をそろえて読むことができるよう，最初の合図を出して音読を導きます。個人読みを補い，音読のまとめとします。

⑹リード・アンド・ルックアップ

Read and Look Up「読んで見上げる方法」はM. Westの用語でprompted speechともいいます（垣田編，1981，p.159参照）。

T：Line 1. Read.（両方の人差し指を頭にもっていき覚える動作）
S：（1行目を覚えるつもりで黙読する）
T：Look up.（両手で顔を起こすのを促す動作）
S：（顔を上げる）
T：Say.（私は，両手あるいは片手でこぶし（グー）をつくり，一気に広げる（パー）ことにより，言う合図を明確にしています）
S：（教師に語るつもりで1行目を言う）

第2文以下も同様です。短い文はRead.の時間を短くして，Look up. Say.とたたみかけるように言うと生徒も楽しんで一気に英文を言っています。逆にSay.までの時間を長くすることにより負荷をかけることもできます。長い文はチャンクにごとに行ったり，難しい部分は再度Backward build-up techniqueの作業に戻して練習させます。

リード・アンド・ルックアップまで行った後は，暗唱を行います。黒板にピクチャーカードと話者の発話の言語機能（例えば「ほめる」「お礼を言う」）を提示し，それらを参照しながら発話します。個人やペアで練習後，自主的な発表を促したり，抽出的に確認し，最後はクラス全体で声をそろえて行い学習のまとめとします。ピクチャーカードやキーワードを見ながら英語を発話することは，プレゼンテーションの準備としても有効な活動だと思われます。山家（1964:28）によれば，生徒が大きな声で，そろって，早く暗唱ができることはTwaddellの指導のモットーであるclearly，loudly，rapidlyという3つの条件でもあります。

18 6つのステップで音読を指導する

教室内の実際のインタラクション（1文ずつコーラスで反復練習の場面）

T：So now we are going to read the story you just heard（または listened to）. Let's read each sentence aloud. Hold your book like this and read.（教科書は手に持ち，良い姿勢を保たせます）

S：Yes, ma'am.

教室内の実際のインタラクション（バズ・リーディング，個人読みの場面）

T：Practice reading the text three times on page 117, and then sit down. If there is anything difficult to read and understand, let me know. Is everything OK?

S：OK.

T：Is there anyone who can read this passage aloud to the class?

S1：Volunteer!

T：○ -kun, read the first paragraph aloud.

S1：Yes, ma'am.（第1パラグラフを読む）

T：Good !

※音読発表の際は，○ -kun. ○ -san....... とスピード感を持ちランダムに指名したり，Boys. Girls. Everyone. と変化を持たせて指名して読ませることにより Concentration と Participation を確保することもあります。

教室内の実際のインタラクション（生徒達だけで声をそろえてテキスト全体を音読する場面）

T：I'll say the first word of a sentence, and you say the whole sentence.

S：OK.（教師が言った１語をキューとして全文を読む）

教室内の実際のインタラクション（リード・アンド・ルックアップの場面）

T：Let's do the "Read and look up" activity. When I say "Read", read silently and memorize the sentence. Then when I say "Look up", take your eyes off the textbook. When I say "Say", say the sentence you memorized.（生徒がやり方に慣れてきたら，Let's do "Read and look up". や Let's do the "Read and look up" activity. と言うだけで生徒はスムーズに指示に従って動くことができます。オプションとして It's easy to say the sentence immediately after you memorize it, so wait until I give you a cue. や It's easy to say the sentence immediately after you memorize it, so wait while I count to five. と指示を出すこともできます）

教室内の実際のインタラクション（暗唱）

T：Let's check to see if you can memorize these sentences. Make a pair and check each other. When you are finished memorizing these sentences, please sit down. I will choose people randomly to check if you memorized it or not.

19 板書縮小プリントでプレゼンの事前準備をする

授業で学んだことを発表し，教材の内在化を促す

オーラル・イントロダクションで使用した板書をストーリー・リテリング（プレゼンテーション）でも使用し，授業に一貫性を持たせます。また，立ち位置や絵や写真等の指し方にも留意させ，ジェスチャーも効果的に用いるようにさせます。聴衆に問いかけながら進めること，コメントを付け加えることを確認し，聴衆にも発表者の問いかけに対するレスポンスを促します。生徒達は，プレゼンテーションを通して教科書の内容を再生することにより，教材の内在化を図り，表現や語句，文法事項を活用する機会を得ます。また，暗唱によって記憶された表現を再構築する場面にもなりえます。

板書の縮小プリント（ピクチャーシート）でプレゼンテーションの事前練習を可能にする

板書の縮小プリント（黒板上の絵や写真，ワードカードを再現して印刷したピクチャーシート。次頁参照）を配付し，プレゼンテーションの事前練習を各自で，あるいはペアやグループで行うことができるようにします。

教室内の実際のインタラクション

T：I would like everyone to give a presentation in front of the class. I'll give you this handout on which the blackboard layout is written. Use this layout for your presentation.

class (　　) no. (　　) name (　　　　　　　)

Let's try to give a presentation in front of the class.

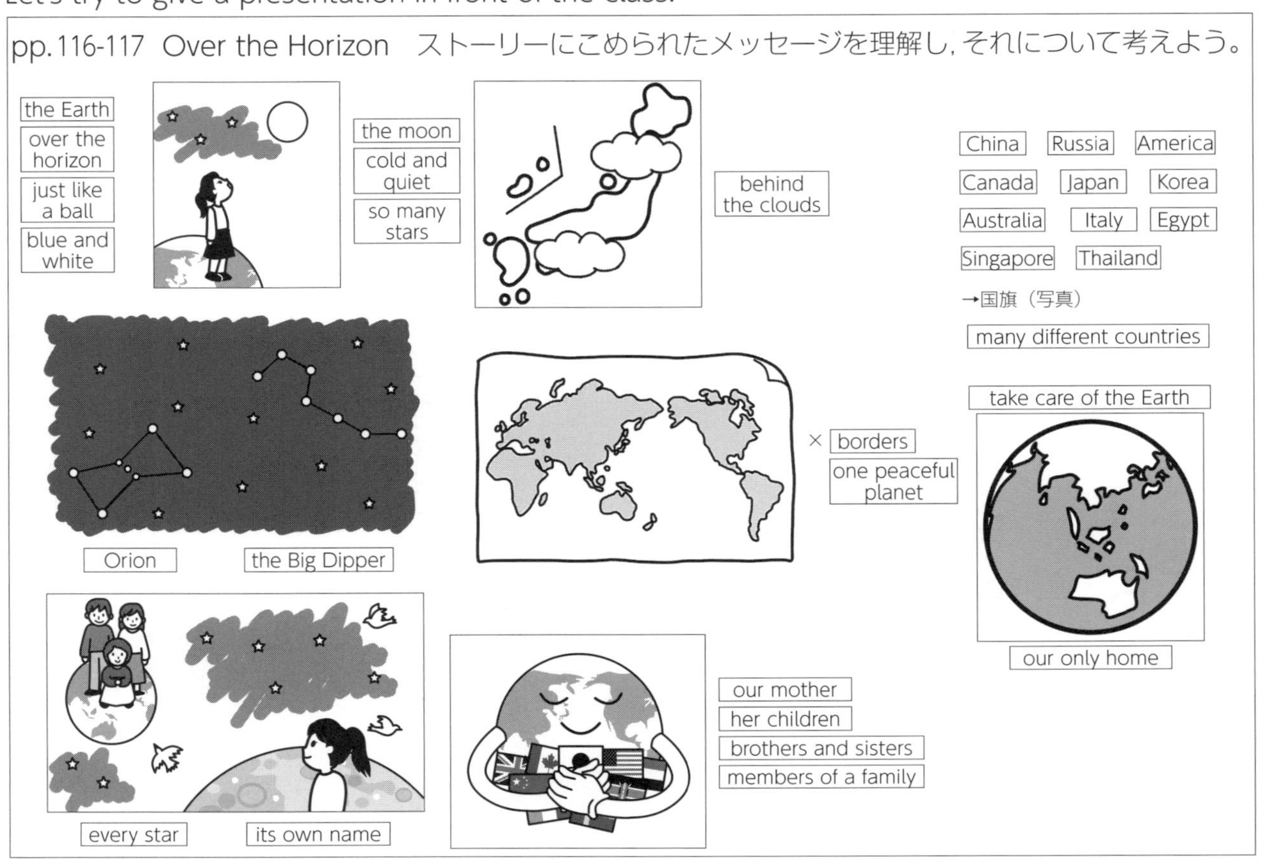

20 生徒の発話を促すフレーズ集を活用する

発表者と発表を聴いている人双方の発話例と留意点も板書の縮小プリントに載せておく

プレゼンテーションの事前練習の際にすぐに参照できるよう，発表者と発表を聴いている人それぞれの発話例と留意点を板書の縮小プリントの下部に載せておきます。

発表者：注意や関心をひきつける

Look!/Wow! What a view!/How beautiful!

問いかける

What's this?/What's that?

What are these?/What are those?

What do you see?

Can you see ____?

What color is this?/What color is that?

What country is this?/What country is that?

Who's this?/Who's that?

Where's ____?

Why?

相手の答えに応じる

相手の答えが正しい場合　That's right./Right./Yes!/（Is this right? と聞かれて）Yes, it is.

相手の答えがおしい場合　Close!

相手の答えが正しくない場合　No, 正しい答え.

発表を聴いている人：相手の問いかけに答える

自分が考えた答え．Is this right?

あいづちをうつ

I see.

Really?

Wow!

What a view!

How beautiful!

I think so, too.

That's good!/That's nice!/That's great!

相手のせりふを繰り返す

（例１：How beautiful!—Yes, beautiful!　例２：What's that?　It's the Earth. —Oh, the Earth.）

発表するときに大切なこと

・Friendly expressions!（なごやかな表情）
・Eye contact!（視線を合わせる）
・Big voice!（大きな声）
・Good posture!（よい姿勢）
・Use gestures!（ジェスチャーを使う）

聴くときに大切なこと

・Friendly expressions!（なごやかな表情）
・Eye contact!(視線を合わせる）
・Listen carefully!（しっかり聴く）
　※ Attentiveness!/Being attentive!
・Good posture!（よい姿勢）
・Good responses!（よい反応）

21 真似して上達！教師がプレゼン・モデルを示す

教師の後についてプレゼンテーションを行う（Following the teacher）。プレゼンテーションのしかたの例も示す

まず，教師の後について少しずつ（各パラグラフごとに）プレゼンテーションの練習をします。その際に，プレゼンテーションのしかたの例を示したプリント（次頁参照）を配付し，参考にできるようにします。生徒は，ジェスチャー等も含めて，教師の後についてプレゼンテーションの事前練習を行います。

※教師の後について少しずつプレゼンテーションを行うという方法を取り入れることに関しては，山口大学の高橋俊章教授からご示唆をいただきました。

教室内の実際のインタラクション

T：I will show you an example of a presentation to give you an idea. Let's break this down and take it step by step. So listen and watch carefully. First I will show you an example of how to present Paragraph 1. Please follow me. OK. Let's try.

S：Yes!（教師の後について行う）

T：Next, Paragraph 2. Please follow me.

S：OK.（教師の後について行う）

T：Now, Paragraph 3....

Sheet 3-2

pp.116–117 Over the Horizon

class(　　　)no.(　　　)name(　　　　　　　　　)

プレゼンテーションのしかたの例
各段落共通して，下の□で囲んであるところは，黒板にはってあるカードを指す

① Look!（月を指す）What's this?　It's [the moon].　I'm standing on the moon.（月の上の女の子を指す）It's [cold and quiet] here.（寒くて静かだという動作をつけ加えてもよい）What do you see?（手をかざす動作）　I see [so many stars] all around.（まわりをぐるりとつつむような動作）What a view!（そのながめに感動しているような声と表情）

② Look!（オリオン座を指す）That's Orion.（北斗七星を指す）That's the Big Dipper.　I don't know（知らないという動作）the names of all the stars, but every star（星の一つひとつを指す）has [its own name], I think.
（頭に手をやって，「と思う，考える」という動作）

③ Look!（地球を指す）That's [the Earth].　It's shining [over the horizon] [just like a ball].（青い小さいボールをみんなに示す）What color is it? It's [blue and white].　How beautiful（その美しさに感動しているような声と表情）

④ Look!（雲にかくされた日本を指す）What country is this? It's Japan.　Where's Japan?（日本をさがすような動作）Maybe behind the clouds.（雲を指す）On the Earth, people live in [many different countries].――China, Russia, America, Canada, and so on.（国旗を一つずつ指していく）But I can't see any borders.（国境が書かれていない世界地図を指す）The Earth looks like [one peaceful planet].

⑤ Look!（地球上でみんなが手をつないでいる絵を指す）What's this? It's the Earth.　The Earth is [our mother], and we're [her children].　We're all [brothers and sisters].　Let's live together as [members of a family].　And let's take care of the Earth.（地球をみんなで大切にしている絵を指す）Why?（「なぜ？」とみんなに問いかけるような動作）It's [our only home].

①から⑤までとおして発表した場合は，最後に何か一言コメントを付け加えて終わる
（例）I like this story.（このお話が好きです。）
It's a nice story.（すてきなお話です。）
It's an interesting story.（興味深いお話です。）
It's a wonderful story.（すばらしいお話です。）
My favorite sentence in this story is ______.（このお話の中で私の好きな文は______です。）
発表がすべて終了したら "Thank you." と言って自分の席にもどる。

22 対話的なプレゼンで話し手・聴き手を育てる

ペアやグループでプレゼンテーションの練習や発表をする。個人によるクラスの前でのテキスト通してのプレゼンテーションにつなげる

前述の板書の縮小プリントを用いながら，まずペアでテキスト通してのプレゼンテーションと聞き手としてのレスポンスの練習を交互に行わせます。

次いで，グループ内でのプレゼンテーションに入ります。テキストのパラグラフごとに1，2，3…と番号をうたせ，各自で自分がプレゼンテーションをするパラグラフを決めさせます。グループ内では，プレゼンター，聴衆，それぞれの立場で発話をしていきます。このときに，Presenter と書かれたネームプレートをグループに1つ準備して，自分の発表が終わると次の発表者にネームプレートを手渡していきます。グループ内での練習成果は，他のグループの生徒達の前でも発表する機会を持ちます。

その後1人でテキスト通してのプレゼンテーションをクラス全体に対して行う機会を持ちます。I like this story. My favorite sentence in this story is ____. 等のコメントも付け加えるようにさせます。聴衆も示された絵を見て How beautiful! 等の発話を積極的に行い，生徒対生徒のインタラクションが生まれる場面とします。このときに，発表者に対しては聴衆に向かって話すときの立ち位置や絵や写真等の指し方（指示棒も使用），ジェスチャーの効果的な使い方，聴衆への問いかけや自分のコメントの付け加え等を再度指導します。聴衆に対してもあまりにも同じことばを不必要に繰り返すことは避けるなど自然な反応が大切であること等，スピーチやプレゼンテーションを聴く適切な姿勢や反応も指導します。ペア，グループ，クラス全

体と順次広げていくことで，生徒が学び合い，自信を深める，また，聞き手の人数に応じて適切な声等も調節することを学ぶ機会にもなります。

教室内の実際のインタラクション（Practice in pairs）

T：Practice giving your presentation to each other in pairs.
Please present to each other in pairs. In your pairs the first person to present should say "I'll go first." Let's try. First, stand up and face your partner. Now, one person will give the entire（または whole）presentation from Paragraph 1 through Paragraph 5. Then switch roles and the other person will give the presentation. When you're both finished, please sit down.
S：OK.（ペアになって）I'll go first.

教室内の実際のインタラクション（Practice in groups）

T：Write number 1, number 2, etc. at the beginning of each paragraph. Discuss in your group the part that you want to present.
S：（グループ内で話し合う）
T：（決まったことを確認する）Who is doing No. 1?
S1：（各グループの第１パラグラフをプレゼンテーションする生徒）I am!
以下最終パラグラフまで同様。
T：Let's check within your group. Let's try to present each paragraph in a group.（生徒対生徒のインタラクションを促す）Please ask questions to your audience while giving the presentation. Everyone should answer the presenter's questions when asked. If the answer is correct, you can say

"That's right," "Right," "Yes!" or "Yes, it is." If the answer is wrong, but almost right, then say "Close." If the answer is wrong, then say "No," then tell them the answer. The people listening can make responses like "I see," "Really?" "Wow!" "What a view!" "How beautiful!" "I think so, too," or "That's great!" You can also repeat what the speaker said like "How beautiful!"—"Yes, beautiful!"（聴く際の適切な姿勢や反応の指導）but you don't have to respond every single time. Try to do it naturally. OK?

S：OK.

T：What are some important points for a good presentation? There are five. What are they?

S：Friendly expressions! Eye contact! Big voice! Good posture!

T：Yes. Also use gestures such as（やってみせる）
（あるいは，聴衆にボールを手渡すようなジェスチャーを使用することを促すのであれば，Also use gestures like passing a ball.）

S：Use gestures!

T：What are some important points when listening to a presentation? There are five. What are they?

S：Friendly expressions! Eye contact! Listen carefully. Good posture! Good responses!

T：Yes.（聴く際の適切な姿勢や反応の指導）You should be active in your response. But say it softly and only once. The speaker should be the loudest person. Don't confuse the speaker.
（ネームプレートの配付）The first presenter in each group, please come and take（または get）this name plate. When you are finished speaking, give the name plate to the next speaker. The last person who has the name plate, bring it back to me when you're finished at the end of the class.

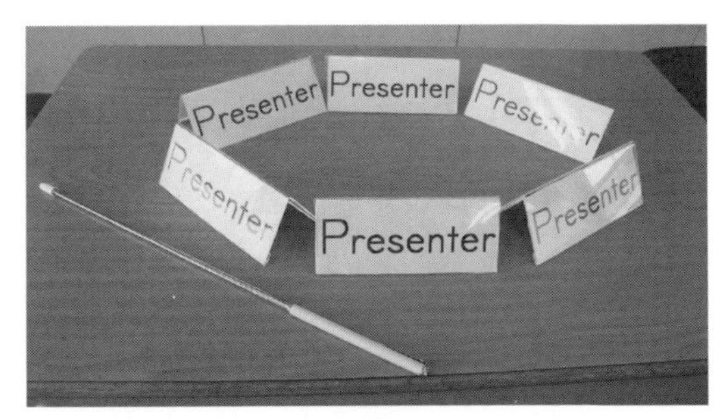

ネームプレート（各班に一つ）と指示棒

教室内の実際のインタラクション (Presentation in front of the class)

T：（グループ内のプレゼンテーションが終わって）Now, we presented in groups, so let's try to do a presentation in front of the class. Please be respectful and listen to the other groups' presentations. OK. Which group（または Who）wants to start (first)?

S：We'll go first!

教室内の実際のインタラクション (Presenting the whole story to the class)

T：OK. So we have just tried to present each paragraph in a group. So let's try to present the whole story. Who wants to present the whole story to the class?（または Who wants to present the whole story in front of the class?） I will ask for a volunteer (,but if there are no volunteers, I will choose someone).

S1：Volunteer!（まっすぐに挙手）

23 アクティブ・ディスカッションで学びを深める

アクティブなクラスディスカッションにより テキストに対する自分の考えを深める

教師は事前に生徒が書いたものに目を通しておき，ファシリテーターとして生徒の意見をつないでいきます。生徒の教室英語も指導しておくことにより，互いに英語でコメントを述べたりほめたりすることができます。

教室内の実際のインタラクション （机の配置から役立つ表現の確認まで）

T：（机をコの字にするように促す）Please make a horseshoe (shape) with your desks facing the blackboard.

S：OK.

T：Now, we'll begin a group（または class）discussion. Let's have an active exchange of ideas. I will be facilitating the discussion. These are useful expressions.（役立つ表現を予め板書しておく）
（板書を指し示しながら，一つひとつ読み上げる。生徒もリピートする）
I have the same opinion as ○ -kun.
I have a different opinion.
I think so, too.
Fantastic!
That's really nice.
Very interesting.

Great!
Bravo!

教室内の実際のインタラクション（My favorite sentence）

T ：Which is your favorite sentence in this story? Explain why.
S1：My favorite sentence in this story is *It's our only home.* The reason is it's nice and beautiful!
T ：Who has the same opinion?（または Who likes the same sentence as ○-kun?
S ：I do.（挙手をする）
T ：Who likes the same sentence（as ○-kun）but has a different reason?
S2：I like the same sentence, but the reason is it's mysterious.
T ：Who likes a different sentence?（または Who has a different opinion?）Does anyone have a different opinion?
S3：I have a different opinion. My favorite sentence in this story is *And let's take care of the Earth.* The reason is it's a strong sentence.

教室内の実際のインタラクション（Opinion of the whole story）

T ：What do you think about this story? Can you share your thoughts on this story? Please present your opinion of the whole story.
S1：Volunteer!（意見を述べる）
T ：That's interesting! I'm very pleased to see such an active discussion.

24 正しく・読みやすく・美しく理解内容を書いてまとめる

口頭作業でしっかり言えるようになったものをまとめる

口頭作業を十分に行った後で，書いてまとめる学習を行います。テキストどおり書写する場合もありますが，プレゼンテーション実施後は，プレゼンテーションを再現するような自分と聴衆の発話をまとめるように促したいものです。（ちょうど教師が準備したオーラル・イントロダクション（インタラクション）のスクリプトの内容にあたります）

４本の平行線上に，ペンマンシップで練習した美しい文字を保って書かせます。１年生の最初から習字の指導を継続して行うことにより，生徒は３年間を通して本当に美しい文字を丁寧に書くようになります。タイトルの書き方，文字や符号，インデントについても英語で注意を促しましょう。必要な時期には，複数線引具を用いて，モデルとしての書き方のフォーマットを板書により示します。英文内容を各自でイメージした挿絵も入れ丁寧に書かせて一つの作品のようにすることもできます。深く内容を理解した後なので，テキストのメッセージを自分で解釈した挿絵を入れることになります。“Please bring your colored pencils tomorrow.”と言っただけで子どもたちはわくわくするものです。ポートフォリオとして記録したり，クラスブックとしてまとめることも可能です。

教室内の実際のインタラクション

T：After you can read the passage smoothly, finally let’s try to write the passage that we learned. Try to write the passage as neatly as you can. Write along the lines as neatly as you can. You can use the textbook, but I want you to try to write without looking, because you can check how much you retained from this lesson. Especially the people who did the presentation.（または Especially since everyone did the presentation.）Be sure to write the title, too. Be sure to copy the story exactly how you see it. Don't forget to indent. Leave about 4 or 5 letter-width spaces before you start a new paragraph. You shouldn't make a line break within one paragraph. Be careful not to make any spelling mistakes. Or you can try to write the dialog you used in your presentation.

S1：Excuse me. What's this box?

T：Please imagine, draw, and color a picture of the story in the box.

S1：I see. Thank you, ma'am.

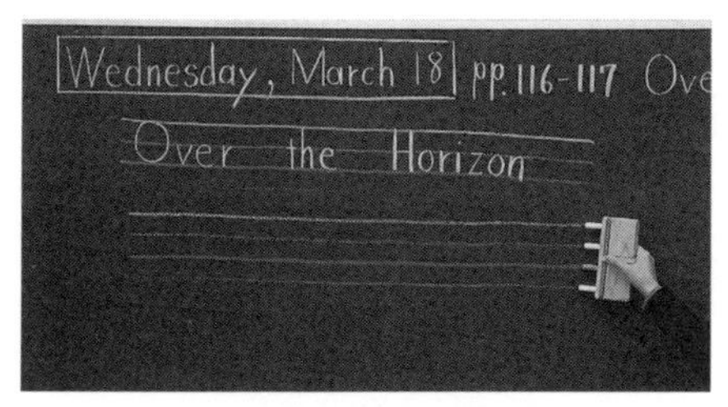

複数線引具も活用
※教室のせんた４線（吉野ガーデン）を使用

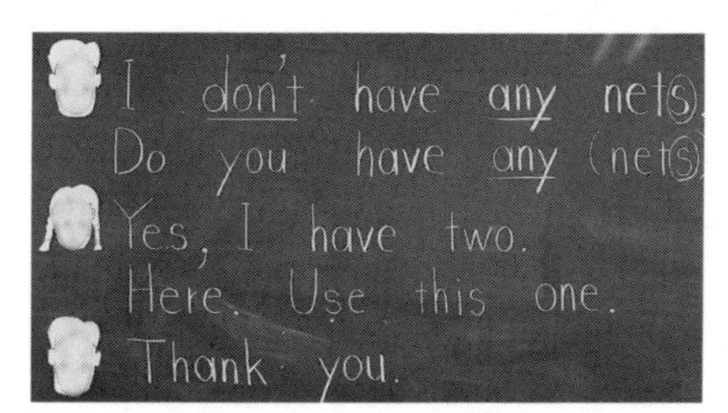

対話文の場合の板書例―対話の話者を絵で表示する

25 ゲームで楽しく総復習を行う

学んだことを活動を通して楽しく総復習する

一つの教材の学習の最後に，総復習できるような楽しい活動を取り入れることもできます。例えば，よく知られているCriss-crossの活動を通してテキストの内容理解を確認することも一つの方法です。内容以外にも，シラバスに含められた多様な項目を復習としてゲーム化することで子どもたちは楽しく取り組むことができます。

また，テキスト中の語彙の復習であればスペリング・ゲームを取り入れることができます。「さかなのゲームによって，horizonやownなどのお話に出てきた単語を振り返ることができました」という生徒のコメントから伝わってくるように，活動を楽しむ中で生徒達は内容の振り返りを行っています。

教室内の実際のインタラクション（Criss-cross）

T：The students in this line, stand up.（縦の列，起立）
The students in this row, stand up.（横の列，起立）
The students in this diagonal line, stand up.（斜めの列，起立）
S：OK.
T：When you have answered the question, sit down.

教室内の実際のインタラクション（さかなのゲーム）

休み時間に，生徒が黒板に大きなさかなの絵を書いてくれています。

T：Some students drew this picture of a big fish, so let's use it in a game. Let's review the new words in *Over the Horizon* in a spelling game. Let me explain how it works. Please guess the word I am thinking. It's a six-letter word. What do you think this word is? Now everyone, think of a letter. You will say your letters in order from here to there, from front to back. (Do a snaking gesture.) Answer in this pattern. If the letter is in the word, I will write it in the correct space. If it's not in the word, I will write it here, and the magnet (the little fish) will drop down one step. When the little fish gets to the big fish, it's game over. Anyone who knows the answer can raise their（または his or her）hand anytime.（または If you know the answer, you can raise your hand anytime.）OK. Are you ready?

S：Yes!

T：（生徒が正解したら）That's right. How do you spell it?（つづりを確認した後，全体で語を発音練習。授業で使用した関連する絵や写真も提示するとさらに復習になり，記憶に残りやすいと思われます）
Where did we stop? Where were we? Who's next?

S1：My turn.

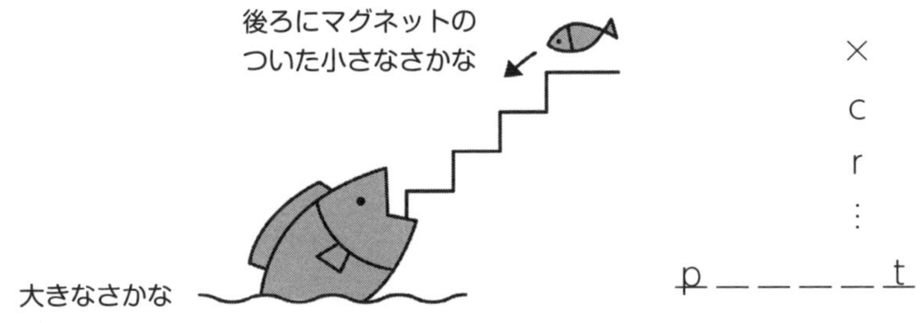

※ Hangman や上記の大きなさかなの代わりにサメを使ったものも紹介されていますが，ALT の提案で，大きなさかなに小さなさかなが届くかどうかという形にしました。

26 「振り返りシート」で毎時間を振り返る

振り返りシート（毎時間の自己評価）

毎時間，生徒自身に自己評価をさせています。活発な授業を進めていく上で留意させたい大切な事柄を評価項目として設定するとよいと思います。毎時間最後にそれらの項目にしたがって自己評価することで，生徒はそれらの点を意識して授業にのぞむようになります。A，B，Cの３段階（または◎，○，△等でもよいかと思います）で自己評価を行い，最後にその時間に学んだこと（Learning Outcome）を自分のことばでまとめる時間をとります。

振り返りシートは毎時間班長に集めさせて提出させ，励ましのコメント等を書いて次の授業の始まる前の 10 分休みに英語係に渡して返却させます。

教室内の実際のインタラクション

[班長が集める]

T：Group leaders, please bring me the papers.（または Group leaders, please bring the papers to me.）One, two, three....（数をカウントする）

S：（速やかに集める）Here you are.

T：Thank you.

[次回の授業前，英語係に返却をお願いする]

T：The person in charge of English, please return the papers to the students.

S：Yes, ma'am.

英語授業振り返りシート

class (　　) no. (　　) name (　　　　　　)

月　日 (Date)	準備 (Preparation)	聴く姿勢 (Good Posture)	声の大きさ (Big Voice)	積極的な発表 (Volunteer)	今日学んだこと (Learning Outcome)

27 「授業アンケート」で単元全体を振り返る

振り返りシート（単元分の授業アンケート）

一つの単元が終わった段階で右頁のような振り返りシートを配付し，記入をさせています。自己評価（Self-evaluation for this Unit），活動に対する好嫌度と有益度の調査（Activity Preferences for and Effectiveness of this Unit），授業の全体的な感想（Overall Impression of the Classes for this Unit）を尋ねることにより，量的分析及び質的分析を行っています。Follow-up Questions を加えておくことにより，英語（あるいは英語を聴く，話す，読む，書くといった各活動）が好きであることとアンケート結果との関連を調査することもできます。

教室内の実際の指示

T：Let's think about this unit. Here is the Evaluation Sheet. Please take one, and pass the others back. Please do the Evaluation Sheet from "Self-evaluation for this Unit" through "Follow-up Questions. "Please circle your rating for each question (5 is the best, 1 is the worst). First do Self-evaluation for this unit. Next do Activity Preferences for and Effectiveness of this Unit. Then do Overall Impression of the Classes for this Unit. Lastly do Follow-up Questions.

Evaluation Sheet

Sheet 5

class(　　　) no.(　　　) name(　　　　　　)

Please circle your rating for each question (5 is the best,1 is the worst).

■ Self-evaluation for this Unit（*Over the Horizon* の授業に対する自分の取り組みについての５段階評価）

1．Did you have fun learning in this class?　5　4　3　2　1
（*Over the Horizon*（「地平線のかなたに」を使った読み物の授業は楽しかったですか。）

2．Did you do your best in class?　5　4　3　2　1
（授業に一生懸命取り組みましたか。）

3．We read a long story this time.Did you understand it?　5　4　3　2　1
（今回は初めて少し長い英語の文章を読みました。ストーリーの内容や展開は理解できましたか）

内容や展開を理解したり，理解を深めるのに役立った物や活動は？

4．Were you able to answer the questions about the story?　5　4　3　2　1
（本文の内容についての質問に答えることができましたか。（＿ ＝□○☆☺などのしるしを使って））

5．Did you understand and think about the message in"The Earth is One"?
5　4　3　2　1

6．Were you able to imagine each paragraph's image through the pictures and the text?
5　4　3　2　1
（絵と本文を通して，各段落の情景を思い描くことができましたか。）

7．Were you able to present your impression of the story and discuss it with your friends?
5　4　3　2　1
（ストーリーの中で印象に残った部分を表現し，それについて友達と考えを深められましたか。）

8．Were you able to give the presentation effectively?　5　4　3　2　1
（ストーリーの内容を友達に伝えられましたか。（ペア／グループ））

内容や展開を理解したり，理解を深めるのに役立った物や活動は？

■ Activity Preferences for and Effectiveness of this Unit（今回行った活動についての自分の思いを５段階評価）

ア　地球や星の絵や写真，キーワードを見ながら先生がお話を英語で紹介するのを聴く
好き　5　4　3　2　1　　役に立つ　5　4　3　2　1

イ　地球や星の絵や写真，キーワードを見ながら先生の問いに答えたり英語の発音練習をする
好き　5　4　3　2　1　　役に立つ　5　4　3　2　1

ウ　＿ ＝□○☆☺などしるしをつけながら読んでいく
好き　5　4　3　2　1　　役に立つ　5　4　3　2　1

エ　フラッシュカードで単語を早く読む
好き　5　4　3　2　1　　役に立つ　5　4　3　2　1

オ　教科書をいろいろな方法で音読する（全体，列，個人読み，リードアンドルックアップなど）
好き　5　4　3　2　1　　役に立つ　5　4　3　2　1

カ　お話の中で作者がおもに伝えたいポイントは何か考える（見つける）（例えば，「p.116 にはこういうことが書いてあるな。」「p.117 で作者が言いたいことはこういうことだな」とポイントを読み取る）
好き　5　4　3　2　1　　役に立つ　5　4　3　2　1

キ　このお話にもし他のタイトルをつけるとすればどのタイトルが良いか考える
好き　5　4　3　2　1　　役に立つ　5　4　3　2　1

ク　一番好きな文を見つけて書き出し，友達と意見交換をする
好き　5　4　3　2　1　　役に立つ　5　4　3　2　1

ケ　お話を読んだ感想を書いて友達と意見交換をする
好き　5　4　3　2　1　　役に立つ　5　4　3　2　1

コ　先生のお手本を見ながら少しずつプレゼンテーションの練習をする（１段落→２段落→…→５段落）
好き　5　4　3　2　1　　役に立つ　5　4　3　2　1

サ　プレゼンテーションの練習の時に黒板の絵や写真，キーワードがのせてあるプリントを使って練習する
好き　5　4　3　2　1　　役に立つ　5　4　3　2　1

シ　"Look!" や "What's this?" などと語りかけながらプレゼンテーションをする
好き　5　4　3　2　1　　役に立つ　5　4　3　2　1

ス　プレゼンテーションをペアで行う（練習する）
好き　5　4　3　2　1　　役に立つ　5　4　3　2　1

セ　プレゼンテーションをグループで行う（練習する）
好き　5　4　3　2　1　　役に立つ　5　4　3　2　1

ソ　プレゼンテーションをクラスみんなの前で行う
好き　5　4　3　2　1　　役に立つ　5　4　3　2　1

タ　先生や友達のプレゼンテーションを聴く（I see などのあいづちも含めながら）
好き　5　4　3　2　1　　役に立つ　5　4　3　2　1

チ　お話を文字で書いてまとめる
好き　5　4　3　2　1　　役に立つ　5　4　3　2　1

ツ　お話の情景をイラストで表現する
好き　5　4　3　2　1　　役に立つ　5　4　3　2　1

テ　習ったことをゲームで復習する
好き　5　4　3　2　1　　役に立つ　5　4　3　2　1

ト　先生がいろいろな指示を英語で言うのを聴いて理解する
好き　5　4　3　2　1　　役に立つ　5　4　3　2　1

ナ　生徒も授業中に積極的に英語を使う（Is this right?—Yes,it is./I'll go first! 等）
好き　5　4　3　2　1　　役に立つ　5　4　3　2　1

■ Overall Impression of the Classes for this Unit（今回の授業の全体的な感想）

（例：心に残った活動や役に立った活動とその理由，自分が成長できたこと（授業前と後の心の変化）とその理由，少し長い文章を読んでみた感想等）

■ Follow-up Questions（英語あるいは英語学習に対する自分の思いを５段階評価）

(1)英語が好きですか　5　4　3　2　1
(2)英語を聴くことが好きですか　5　4　3　2　1
(3)英語を話すことが好きですか　5　4　3　2　1
(4)英語を読むことが好きですか　5　4　3　2　1
(5)英語を書くことが好きですか　5　4　3　2　1

音と文字を結びつけるトレーニング

フォニックス練習用教具である*Phonics Builder*（David English House）を用いて音と文字を結びつけるトレーニングを帯活動として行っています。*Phonics Builder* はカードをめくっていくことでさまざまな組み合わせの文字列をスピーディーに提示することができる教具です。シリーズが1，2，3とあり，すべての組み合わせを取り出しておいて，順次今日はこのパターンというように計画的かつ継続的に活用することができます。まず，教師の Let's do the warm-up activity. という発話とともに黒板を見て，黒板上の a, e, i, o, u（文字の横に口の形をともに書いておく（松香，1993 参照））を音読みで全員で発音します。その後 *Phonics Builder* を掲げ，カードを一枚ずつスピーディーにめくりながら全員で（場合によっては個別に）読んでいきます。終了時は，That's all the phonics for today. といって次の活動にうつります。時間的には非常に短時間でできますが，継続して行うことにより，生徒が「単語が読める」という自信を持つと同時にリーディングにも良い影響が与えられることが期待できるのではないかと思います。具体的なやり方は，例えば下の写真のように eet の部分は固定して，一番頭のカードを後ろから前にスピーディーにめくり，生徒はどんどん読んでいきます。(beet, deet, feet, geet, heet, leet, meet, neet, peet, reet, seet, teet, weet, zeet, sheet,…)

はじめての
オール
イングリッシュ
授業Ｑ＆Ａ

Chapter
4

Q1 英会話に自信がありません

A 授業の流れに沿って，使用できる表現を整理してみましょう。生徒の理解を促す手立てを取り入れましょう。

本書でもまとめていますが，授業の流れに沿って，使用できるフレーズを時系列で整理してみましょう。授業の指導手順を振り返ることにもつながると思います。本書で整理，提案した内容や，よい授業の VTR 視聴，授業観察を通して，授業のどの場面においてどのような表現を使用できるのかも整理していくとよいと思います。また，「この指示は英語で何というのか」といった疑問点が生まれるたびに，自分で調べたり ALT に確認したりして，その表現を蓄積して自分のものとしていきます。そして，ぜひ授業の中でその表現を使っていきましょう。同じ使用場面で繰り返し使用することにより，生徒も英語の指示と場面をセットにして反応できるようになっていきます。また，絵カードや写真，模型等の具体物，ジェスチャーの使用等も積極的に取り入れて，先生の説明が学習者にとって理解可能なインプットになるような工夫もしていくとよいでしょう。そうした工夫は，先生の英語を学習者が理解するための支援となると思われます。シンプルな表現とともに絵や実物を見せたりジェスチャーを使うことにより，日本語を使用しなくても学習が理解できる場面設定をつくることができます。大切なことは，生徒が英語を使って活動すること，教室内に英語を使う環境を整えるということです。そのための教師の適切な発話と支援という視点を大切にしましょう。

Q2 英語で授業をすると，教科書が進みません

A 見通しを持った年間指導計画に基づいて各時の学習指導を計画しましょう。

「教科書が進まない」とすれば，なぜ教科書が進まないのか，振り返ってみることでいろいろな理由が考えられると思います。その中で，それは本当に英語で授業をすることに起因する進度の遅れなのか吟味してみる必要はあるかもしれません。例えば，日本語での説明を延々と行って時間を費やし，生徒の英語の発話量が非常に少ない，集中力も途切れるといった状況に比べると，英語でテンポよく進めて生徒の意欲を高める方が授業がスムーズに進むことは考えられます。あるいは，英語での授業も試みてはいるが，生徒がわかっていないように感じられて，再び日本語ですべての説明を再開するということであれば，時間も二重にかかってしまいます。キューやサインを決めておけば，日本語で長く言わなくても，教師は短い発話でも生徒の発話量を確保することが可能ですし，入学当初から少しずつ積み上げていくことにより，生徒も教師の言う英語に慣れて反応できるようになっていきます。

大切なのは，授業以外の業務もそうですが，先の見通しをもって計画的に進めていくことです。年間指導計画に基づいて，つねに全体の流れの中に各時の学習指導を位置づけて実践していきましょう。一度扱った学習内容も，その時間ですべて終了ということではなく，言語活動の中で繰り返しスパイラルに取り上げて定着を図ることも求められています。長いスパンの中でどのように言語材料を定着させていくのかといったビジョンも持ちながら計画的に進めていきましょう。

Q3 英語の指示が「わからない」と言う生徒がいます

A 生徒の理解度を確認しながら，教師の発話を理解可能なインプットにするための視点を取り入れましょう。

Part 1でMERRIER Approach（メリアー・アプローチ）という方法があることを紹介しました。MERRIERは次の７つの語のイニシャルから編み出された名称です。Model/Mime, Example, Redundancy, Repetition, Interaction, Expansion, Reward

具体的には，理解を助けるジェスチャー，表情，絵，写真，イラスト，地図，地球儀，実物などを使用し（Model/Mime），具体例（Example）を挙げて説明します。説明においてはいろいろな角度から多面的に話すようにします（Redundancy）。大切な表現は繰り返し使用します（Repetition）。教師対生徒，生徒対生徒のインタラクションの機会をつくります（Interaction）。生徒の回答が文の一部であったり文法的でない場合は，自然に訂正してリピートします（Expansion）。こうしたアプローチを知っておくと，生徒にとって教師の発話を理解可能なインプットにするための視点やわかりやすい授業の観点として参考になります。

英語を発話する際は，生徒の表情や発言により理解度を確認しながら，その使用表現やスピードを調節していくことが求められると思います。そういった力も英語のネイティブスピーカーではない教師が英語を教える際の「英語教育的英語力」（松畑，1991:25-27）にあてはまるのではないかと思います。生徒の理解を助けるような具体物や具体例をぜひ教材研究の中で準備し，適切なタイミングで繰り返したり，生徒の発言を受け止めてふくらませたりするようにしていきたいものです。

Q4 英語が得意な生徒と苦手な生徒の差が広がりそうです

A 生徒に寄り添った学習者支援的な授業の見地と生徒の主体的な授業参加がよくわかる授業につながると思います。

前頁で述べたような教師の発話を理解可能なインプットにするための視点は，すべての生徒にとってわかりやすい授業の観点として参考になるものです。学習者支援的な授業の見地は，結局はクラスのすべての熟達度レベルの生徒に関わる支援であると思います。生徒が興味・関心を持つ身近な話題を取り上げたり，繰り返したり，ほめたりといったことを行いながら，一人ひとりに寄り添って丁寧に指導をしていくこと，そのことがひいてはすべての生徒にとってよくわかる授業につながるのではないかと考えます。

以前生徒にアンケートを行ったのですが，オーラル・イントロダクションを聴いたり，オーラル・インタラクションを行うこと，教師の教室英語を聴いて理解したり生徒も積極的に教室英語を用いることを英語の熟達度に関わらず好んでいる傾向がうかがえました。教師の教室英語を，ただ聴くだけよりも，自分で言える，参加するといった主体的なアウトプット，自分で使ってみることが楽しいという実感があることが推察される結果も得られています。生徒一人ひとりに寄り添って，非常に丁寧な指導を積み重ねていくこと，主体的な参加を促し認めていくことにより，むしろ苦手意識の差を小さくすることにつながるのではないかと思います。

また，授業中の指導方法の工夫はもちろんのことですが，放課後や長期休業中に個別に丁寧な指導を行うことも，つまずきを取り除き，生徒の自信と次からの学習への意欲を生み出すのではないかと思います。

Q5

日本語を使ってはいけませんか

A 必要な場面では，英語→日本語→英語の方式で表現を繰り返すことも考えられます。

生徒の表情や発言により理解度を確認しながらその使用表現やスピードを調節していくということを前々頁で述べました。その際に，必要に応じて必要な場面によっては英語で発話した後，日本語を添えることも考えられるかと思います。しかし，それは必要に応じて必要な場面で，ということであり，逐一日本語に直しているのでは，生徒が日本語を期待し，注意深く英語を聴く姿勢を持たなくなってしまう恐れもあるかと思います。

もし，生徒の理解度に応じて日本語を添えるとすれば，その後，再度英語の表現を聴かせるようにする方法を取り入れることができると思います。最初は理解が難しい場合でも，繰り返し同じ場面で使用することにより，生徒にとってもその発話の機能と場面が一致して，理解して行動できるようになる姿が見受けられるようになると思います。

日本語を使用しなくても学習が理解できる場面設定をつくる工夫をどのようにすることができるのかについても，教材研究の中で取り組んでいきたいものです。先に述べたMERRIER Approach（メリアー・アプローチ）も参考になりますし，英語による明示的な文法説明も，それほど難しい表現を用いずに行うことが可能であると思います（cf.Chapter 2「文法を説明する」）。

Q6

1年生の授業での留意点を教えてください

A 英語で進める英語の授業の流れや表現，授業規律に慣れさせます。

以前，ある現場で「1年生は言語材料も少ないから，英語で授業を進めるのは学年が進んでから…」という声を聞くことがあったのですが，1年生の最初の授業から英語で授業を進めることが望ましいと思います。「英語の授業は英語で行う」「先生だけではなく生徒もたくさん英語を話す」「リズムとテンポがあり集中して取り組むことが大切」…といった英語の授業のスタイルを体得させたいからです。私は，1年生の最初の授業ではまずリーダーによる英語のあいさつから始め，皆に英語であいさつを発話させます。英語で話したいといった意欲に満ちあふれた生徒達に，しっかり英語が言えたという経験をさせたいと考えています。教室英語をジェスチャーも用いながら何度も繰り返し聴かせ，実際に動作を行わせます。そして，しっかり聴く，モデルに倣って繰り返し言ってみる，言えるようになったものを書いて確認する，といった英語学習の基本や授業の約束事をしっかりおさえます。教師の自己紹介も含めて，生徒の理解度を確認しながら英語で授業を進めていくことにより，生徒に英語学習への憧れを持たせることが大切なことであると思います。そして，最初の授業から先生の英語が理解できて行動できた，英語で発話できた，といった喜びと自信を次時からの英語学習につなげていきたいものです。1年生のときに教えた生徒が卒業するときに，「先生が親身になって教えて下さった基礎を忘れずに頑張っていこうと思います」という言葉をくれました。1年生は英語学習の基礎を身につける大切な時期だと思います。一つひとつ非常に丁寧な学習指導が望まれます。

Q7

評価はどのように行えばよいでしょうか

A 学習状況を的確に評価できる方法を選択したり組み合わせましょう。学習評価を指導の改善に生かしていきましょう。

評価の方法には，筆記テスト，実技，行動観察，発言，面接，質問紙，作品，レポート，ワークシート，ノート，ポートフォリオ等，多様な方法があります。評価の目的によって選択したり組み合わせたりして，工夫して活用することが大切であるといえます。また，生徒による自己評価や生徒同士の相互評価を工夫したり，ノートやレポート，ワークシート，作品など授業後に教師が確認しながら行う方法と授業中の見取りを適切に組み合わせることが国立教育政策研究所（2011:11-15）において示されています。

本書 Chapter 3では授業の振り返りシートを紹介しましたが，リカート尺度による学習者の自己評価結果の量的分析を行い，どの活動が学習者にとって好まれており，有益性が高かったのか，どの学習内容はよくわかったのかを教師が把握することが可能です。また，学習者の授業の感想を範疇化し，学習者の授業の捉え方の質的分析を行うことや毎時間の自己評価で記入された学び（Learning Outcome）を辿り学習成果を把握することも有意義なことであると思われます。

「英語の授業は英語で」といった視点からいえば，教師の教室英語に対する理解度（実際に反応や受け答えができているか）の授業中の見取りをしっかり行うとともに，授業中に発話される学習者の教室英語の量と質，あるいは談話の流れを談話分析の視点で評価することもできるかと思います。

指導と評価の一体化ということが謳われていますが，学習評価をその後の学習指導の改善に生かしていくといった視点をつねに持ちたいものです。

【引用・参考文献】

Blundell, J., Higgens, J., & Middlemiss, N. (1982). *Function in English.* Oxford: Oxford University Press.

Dörnyei, Z. (2003). *Questionnaires in second language research: construction, administration, and processing.* London: Lawrence Erlbaum Associates, Inc., Publishers.

Fries, C. C. (1958). On the Oral Approach. In F. Nakajima (Ed.), *Lectures by C. C. Fries and W. F. Twadell* (pp.13-23). Tokyo: Kenkyusha.

Fries, C. C., & Fries, A. C. (1961). *Foundations for teaching English.* Tokyo: Kenkyusha.

Fry, D. B., & Kress, J. E. (2006). The reading teacher's book of lists. (5th ed.). San Francisco, CA: Jossey-Bass.

Gardner, B., & Gardner, F. (2005).『教室英語ガイド』(松川禮子監修，平松貴美子訳). 東京：旺文社. 原典 2005 年発行.

Lado, R. (1964). *Language teaching: A scientific approach.* New York: McGraw-Hill, Inc.

Matano, Y. (2011). Sequential practice for active oral work: The Oral Approach re-examined. *YASEELE.*（山口大学英語教育研究会紀要）No. 15, pp. 73-83. Yamaguchi: Yamaguchi University.（『英語学論説資料第 46 号第 6 分冊増刊』（論説資料保存会）に採録（pp. 750-755. ））

Norris, W. E. (1989). Innovations in the 'Oral Approach': 'No Magic Method' In W. E. Norris & J. E. Strain (Eds.), *Charles Carpenter Fries: His 'Oral Approach' for teaching and learning foreign languages* (pp. 21-25). Washington, DC: Georgetown University.

Twaddell, W. F. (1970). Preface to the first-year seminar script 1958. In Yambe (Ed.), *Applied linguistics and the teaching of English.* Tokyo: ELEC.

卯城祐司編著. (2011).『英語で英語を読む授業』東京：研究社.

垣田直巳編. (1981).『英語科重要用語 300 の基礎知識』東京：明治図書出版.

陰山英男・藤井弘之. (2006).『陰山英男＆藤井弘之の反復練習英語暗唱ノート』東京：株式会社アルク.

金谷憲・谷口幸夫編，薬袋洋子著. (1993).『英語教師の四十八手＜第 5 巻＞リーディングの指導』東京：研究社.

金田道和. (1993).「コミュニケーション能力を育てるための英語の授業」『平成 6 年度研究集録』第 18 集. pp.37-48. 山口：山口県中学校教育研究会英語部会.

金田道和. (2000).「C. C. Fries の理論再訪(1)」『中国地区英語教育学会紀要』No. 30, pp. 85-93.

国立教育政策研究所教育課程研究センター. (2011).『評価規準の作成，評価方法等の工夫改善のための参考資料【中学校　外国語】』東京：教育出版.

語学教育研究所編著. (1992).『英語指導技術再検討』東京：大修館書店.

語学教育研究所編著. (2014).『英語指導技術ガイドQ＆A―授業の悩みにこたえる26のレシピ―』東京：開拓社.
高梨庸夫・卯城祐司編. (2000).『英語リーディング事典』東京：研究社出版.
寺井正憲編著. (2009).『聞き手参加型の音読学習』東京：東洋館出版社.
名和雄次郎・関典明. (1987).『中学英語の指導技術』東京：ELEC.
ベネッセ総合教育研究所. (2015).「中高の英語指導に関する実態調査2015」
又野陽子. (2009).「小学校外国語活動と中学校外国語教育の結び方」*YASEELE*.（山口大学英語教育研究会紀要）No. 13, pp.29-38.
又野陽子. (2013a).「小学校から中学校へつなぐ英語の授業実践事例」『LRT研究紀要』第1集, pp. 36-42, p. 54下.
又野陽子. (2013b).「小中連携を視野に入れた小学校外国語活動における英語の絵本の活用方法―絵本*Brown Bear, Brown Bear, What Do You See?*を教材として―」『中国地区英語教育学会研究紀要』No. 43, pp. 41-50.
又野陽子. (2014a).「絵本*The Very Hungry Caterpillar*を活用した外国語活動」『平成25年度研究集録』第29集（山口県中学校教育研究会英語部会）, pp. 32-36.
又野陽子. (2014b).「小中連携を視野に入れた小学校外国語活動における英語の絵本の活用方法―絵本*The Very Hungry Caterpillar*を教材として―」『中国地区英語教育学会研究紀要』No. 44, pp. 81-90.
又野陽子. (2015).「小中連携を視野に入れた活動型小学校英語の実践を振り返る―小学校英語の教科化・低学年化への移行を見据えて―」『LRT研究紀要』第3集, pp. 32-44.
又野陽子. (2016).「初任者研修を通した英語の授業チェックリストの開発研究と初任者の授業の変容に関する事例的研究」『中国地区英語教育学会研究紀要』No. 46, pp. 51-60.
又野陽子. (2017).「英語で進める中学校英語リーディング授業のモデル―授業DVD映像で見る指導プロセスの実際―【授業DVD発表】」『第66回全国英語教育研究大会紀要』pp. 54-63.
松香洋子. (1993).「つづりと発音をどう教えるか」『英語教育』5月号. pp.26-28. 東京：大修館書店.
松畑熙一. (1991).『英語授業学の展開』東京：大修館書店.
文部科学省. (2013).「グローバル化に対応した英語教育改革実施計画」
山家保. (1964).『新しい英語教育』財団法人英語教育協議会. 東京：株式会社学習研究社.
山家保先生記念論集刊行委員会. (2005).『あえて問う　英語教育の原点とは』東京：開拓社.
萬谷隆一・直山木綿子・卯城祐司・石塚博規・中村香恵子・中村典生編著. (2011).『小中連携Q＆Aと実践　小学校外国語活動と中学校英語をつなぐ40のヒント』東京：開隆堂出版.
渡邉時夫・髙梨庸雄・齋藤榮二・酒井英樹. (2013).『小中連携を意識した中学校英語の改善』東京：三省堂.
東京書籍（2012).『NEW HORIZON 中学1年（平成24年度版）』pp.116-117

おわりに

私は，平成７年に山口大学大学院教育学研究科（修士課程）へ派遣（研修）という機会をいただき，談話分析に基づく教室内コミュニカティヴ・インタラクションのモデルに関する研究を進めました。修士課程修了後も，中学校の教壇に立ちながら論文を発表し，研究を継続していきましたが，さらに専門性を高め研究を深めていきたいという思いから，平成15年４月，広島大学大学院教育学研究科文化教育開発専攻博士課程後期に進学し，平成18年３月，広島大学より博士（教育学）の学位を授与していただきました。

これまでつねに研究を継続してきたのは，楽しくてよくわかる授業，子どもたちが英語を好きになる授業をしたいという一心だったと思います。テクニックや工夫は，理論的なバックボーンがあってはじめて本物の技術になりえるのだと考えます。そして，一つの目標を見定めて，それに向かって一生懸命努力することでその人の人生が底光りを増すのだと信じているものです。私にとってはそれが英語教育なのだと思います。

これまで各種学会，すなわち，全国英語教育学会，日本教科教育学会，日本言語教育 ICT 学会，中国四国教育学会，中国地区英語教育学会，広島大学英語教育学会，広島大学英語文化教育学会，山口大学英語教育研究会，LRT（Let’s Read and Talk）等に所属して研究を継続してきましたが，今の私の授業の拠り所となるようなご指導をこれまでして下さいました先生方に記して謝意を表します。また，いっしょに授業をつくりあげてきた児童，生徒のみなさん。みなさんの一言一言が私の励みであり，喜びでした。これからも一人ひとりに寄り添って丁寧な指導を心がけていきたいと思います。

そして，本書を手にとっていただいた方にお礼申し上げます。本書が少しでも皆様の日々の授業に役立つことを願い，筆を置きたいと思います。

平成29年７月

又野　陽子

【著者紹介】
又野　陽子（またの　ようこ）

山口県山口市公立学校教員。山口県生まれ。山口大学教育学部卒業。山口大学大学院教育学研究科修了。広島大学大学院教育学研究科文化教育開発専攻博士課程後期修了（博士（教育学））。

【主な著作・発表】

A study on the acquisition of English function-chains: A focus on Japanese EFL learners. Hiroshima: Keisuisha. 2007.

"Analysis of junior high school students' performance in function-chain recognition using factor analysis and Hayashi's quantification model Ⅲ." *ARELE*（全国英語教育学会紀要），Vol. 11, pp. 71-80. 2000年８月

"The acquisition of English function-chains: With a focus on Japanese junior high school students."『広島大学大学院教育学研究科紀要第二部（文化教育開発関連領域）』第53号，pp. 187-194.　2005年３月

「英語の機能連鎖の習得に関する質的分析」『教育学研究ジャーナル』第２号（中国四国教育学会）．2006年３月

第66回全国英語教育研究大会（全英連山口大会）分科会授業 DVD 発表

〔本文イラスト〕木村美穂

中学校英語サポートBOOKS
はじめてのオールイングリッシュ授業
―今日から使える基本フレーズ＆活動アイデア―

2017年８月初版第１刷刊
2019年７月初版第５刷刊
©著　者　又　野　陽　子
発行者　藤　原　光　政
発行所　明治図書出版株式会社
http://www.meijitosho.co.jp
（企画・校正）広川　淳志
〒114-0023　東京都北区滝野川7-46-1
振替00160-5-151318　電話03（5907）6703
ご注文窓口　電話03（5907）6668
＊検印省略
組版所　中　央　美　版

Printed in Japan
ISBN978-4-18-220922-2